さよなら、理不尽PTA！

著・大塚玲子
漫画・おぐらなおみ

強制をやめる！　PTA改革の手引き

辰巳出版

漫画 さよなら、理不尽PTA!

おぐらなおみ

うちの子も
いよいよ小学生
楽しい毎日を
送ってほしい……
そして いよいよ
私、保護《ホゴ》者《モノ》子《コ》
わーすごい
おたよりの量
どんっ
ん？
……小学校 PTA会長
保護者の 皆さんへ
「PTA委員・係のご希望用紙」……？
「PTA」の洗礼を受けることに——!?

PTAかー
あんまりよく知らないんだけど……
上の子がいるママ友が言うには
学年が下のうちにやったほうがいいよ！
「『私なんにも知らないんです』ってだまっていれば議事が進んでいくんだから！」
「へーそんなもん？」
一年生のうちにやっちゃうか
逆にパパの友人が言うには
学年が下のうちにやっちゃダメ！
「『慣れてるからもう一度お願い！』なんて言われるんだよ」
「え～本当!?」
・・・
ニャー
私ってPTAのこと全然知らないわこれじゃまるで何の武器も持たずに始まるRPGゲームみたいじゃん！

……
……
……ん?
わっ!!
え? なにこの格好!!
ふふふ……
びっくりしたでしょう? 小学校に入学したら いきなり……ですもんね
ギャア
ギャア
あなたは幼稚園で一緒だった役員《ヤクイン》経子《ケイコ》さん!?
えーと これは一体……?
PTA攻略の旅へ ようこそ!
ふふふ
さっそく行くわよ! 気持ちをしっかり持って

やらねばならぬ
理不尽PTA
どーーーん
ちょ……
ちょっと待って
うちの子の
小学校が!?
しっ!
静かに!!
うう〜〜
もうイヤだ…
イヤだよう…
ううう〜
役員決めの
沈黙に耐えられ
ないよう……
ベルマーク……
集めても集めても
この金額!?
出させて〜
私に金出させて〜
そしておうちに
帰らせ
てえ〜〜ッ!!
気づいちゃダメ!!
現代の貨幣価値の
ことは
忘れてェェェ
なにこれ
PTA
強制の
苦しみ
……?
幼子を
留守番させて
役員会なんて
イヤだよう……

みんな
つらそう
ゴクリ…
PTAで苦しみ抜いた人たちの心の声よ　ちょっと声掛けしてみるわよ
私たちのときは面倒なことはやめちゃおーっと
しーーん
やめるなんてズルイぞ～
今までと同じようにやってもらわなきゃ不公平だ！
前年踏襲は正義!!
ひゅん
ひゅん
キャーーーーッ
こっちに逃げるわよ!!
これでもくらえ!!
ゴオォォォ…
バタン!!
はあ
はあ
はあ
怖かった～
大変でしたね……

第一の扉
入会の部屋
ここにいれば安心ですからね
だから会費は給食費と一緒に引き落としておきますね
〈入会《ニュウカイ》 決子《キメコ》〉
えーと ここは……
入会の部屋よ 入学おめでとう! 今日からあなたもPTA会員よ
え?
私、PTAに入会した覚えないんですけど……
そもそも入会届もなくて入学と同時に自動加入って変じゃないですか?
納得のいく説明が聞きたいです

ピシッ
うろこ
言われてみれば もっともだわ……
すっ…
私を仲間にしてください
チャッチャララ ラララー
入会 決子さんが仲間になった
心強いですー
じゃあ次の部屋ね
レッツらゴー!!
ギィィイイ
イイィイ
第二の扉
強制労働の部屋
ああいらっしゃい
げっそり…
〈間開《マアク》 切人《キリヒト》〉

手伝って
くれるのかい？
ベルマークは
余白を切り取って
同じ会社のを
集めて
台紙に貼りつけて
計算して……
エクセル？
それより
電卓のほうが
便利でしょ？
のり
のり
俺　もう
何年も家に
帰ってなくて……
うちの子　もう
高校生くらいに
なってるのかな
フフフ……
あの……
そんなに
無理しなくても
いいと思い
ますよ？
は？
だって
PTAって
義務じゃ
ないんで
しょ？

俺も一緒に……
♪チャラララ
ラララアー♫
間開 切人さんが
仲間になった
はいはい
次よー
し……ん
しーーーん
あの……
どうか
しました？
〈断丸《ダンマリ》 泣子《ナキコ》〉
私 去年役員
やったので
今年は司会
なんですけど
今年の役員が
決まらなくて
全員が木に
なってしまい
ました！
しーん
こうなったら
誰かの枝を
無理やり
挙手の
形に……
この枝を
くっつけて…
ちょ……
ちょっと待って!!

役員を強制してはだめですよ！
でも……
のこぎり
どうしていいかわからないい～
しーん
わーん
うーんそうですねえ……
お願い！私も仲間にして！答えを知りたいの!!
チャラララララッチャー
断丸 泣子さんが仲間になった
お…おう
んじゃ次ー
到着よ
ぐすんぐすん
うーんうーんうーんうーん

今年もこの季節がやってきましたね
教頭
そうですねえ……
学年主任
どうしましょう校長
〈悩《ナヤミ》つきぬ〉
うーん
PTA活動……
保護者の皆さん忙しいから活動を減らしてもらってもいいんだけど……
役員決めで泣く人が出るって担任も悩んでますし
PTAの強制的な活動について学校や教育委員会にクレームが入ってます
PTAからの寄付に頼ることも多いですが
備品の買い替えなど
必要なものには公費をつけないと何も変わらないし
善意でやっていただいて本当にありがたいんですけどね
うーん

先生も保護者もどちらも苦しんでるのに相手に伝えられず困っているのか……
第四の扉
忖度の部屋
あの……校長先生！教頭先生！学年主任！
保護者と先生方で話し合う場を作れませんか？
そうか……そうですね
一度忖度なしに話し合ってみましょう！
チャラララ♪
ラランラー
校長・教頭・学年主任が仲間になった！
はっ!!
あっあれは……
PTA会長!!
ゴク…
え？ まさか本当のラスボス!?

ギィィィイ
ヒュウ〜
こんにちはー
PTA会長です
〈意外戸《イガイト》 普通代《フツヨ》〉
あなたが会長……？
いい人っぽいわ…
はーい
あの……実は……
かくかくしかじか…
えー？PTAの見直し？でも結局同じことをしとけば早いんじゃない？
合言葉は
前年どおり
そんなー
ちょっと待ってください会長!!

私たち実際にPTA役員をやってみてわかったんです
保護者への負担が大きい気がします
もう少し手間を省ける部分があるんじゃないかな
確かに！
会議の回数を減らしてもいいかも
活動は平日と土日に分散させない？
入会届は隣の小学校を参考にできそう
集まった人で、できる範囲でやればいいと思う！
無理な役員決めはやめよう
学校としてもそれで問題ありません
これなら私も参加できそう
そうね！苦しんでばかりのPTA活動は終わりにしましょう!!
賛成!!
どうですか会長！
う
うううううう
会長!?

うおおおおお
会長がラスボスに変身!?
ゴバッ
自動加入
カハー
前例踏襲
形骸化
善意の暴走
強制労働
同調圧力
学校への忖度
沈黙の保護者会
会長の口から次々と……
そして
やらねばならぬー
グワー

会長……
ううん
「PTA」という
組織から
サヨナラ〜
全ての
理不尽が
なくなっていく……
ゆらり
ゴクリ
皆さんの
言うとおりね
変えるべき所は
変えないと
キャラ……
あんまり
変化なし
こうして主人公は
PTAにかけられた
「理不尽の呪い」を
解いて
クリーンに変えたのだ
保護者たちの
関係もよくなったよ
めでたし めでたし
パラララ〜 パラララ〜

漫画　さよなら、理不尽PTA！　完

はじめに

おかしくないか。おかしいだろう。いや、おかしいと思うんだが。

初めての保護者会でPTAの「クラス役員決め」を経験したとき、その圧倒的な理不尽さに、私の頭は爆発しそうでした。

なんで「6年間に必ず1度はやる」なのか？　平日日中は仕事をしているから、学童に子どもを預けるのに、なんで平日日中のPTA活動を「必ずやる」のか？　どうしてこの部屋には、お母さんしかいないのか？　保育園のとき、あんなにたくさんいたお父さんたちは、みんなどこへ行った？　仕事してるから？　大黒柱だから？　私も大黒柱だけど、なんで母親だと扱いが違うのか？

もともと理不尽耐性が低い私の脳みそは、役員決めが始まったとき、既に限界に近づいていました。

担任の先生に声をかけられた他の「お母さんたち」は、みな平然と（そう見えただけかもしれませんが）、「できない理由」を答えています。

すみっこに座っていた私にも、ついに先生が聞きました。

「大塚さんは、いかがですか？」

いやああああ。言えないし、言いたくない。

だって「できなくはない」から。仕事の時間を削るか、寝る時間を削れば、そりゃできますとも。

でもさ、そんなの、おかしくないかね？

言うべきことを何ひとつ思いつかなかった私は、全身から変な色の煙を出しながら、ただ黙って、頭を下げたのでした。

あれから、11年。私がＰＴＡの取材を始めてから、約８年が経ちます。

経験したＰＴＡ活動は、学年長を４回、委員、係など。会長や副会長には、立候補したけれど、残念ながらなれなかった。子どもが小６のときには、卒対や、スポ少保護者会の役員もやりました。

考え続けてきたのは**「ＰＴＡでつらい思いをする人をいなくするためには、どうしたらいいのか？」**ということです。

同じ思いで動いてきた、全国のたくさんの人たちに、取材をしてきました。

会長や役員さんだけではありません。非会員の人も、一般会員も、みんな驚くほど深く、粘り強く、ＰＴＡをどうしたらいいか、考えていました。

この本は、PTAのやり方に違和感を抱き、「なんとかPTAを変えたい」と願うすべての人のため、実践者たちの知恵と経験に学んで、書いたものです。

さよなら、理不尽PTA。

そう言える日が来るのか、来ないのか？　まだ、わかりません。

さて、この本はサブタイトルにあるとおり、「PTA改革の手引き」となることをめざしたものです。

そもそも「PTA改革」ってなんなのか？　というと、要はPTAで泣く人を出さない仕組みにすることであり、それはつまり加入から会費の徴収、活動まで、**あらゆる強制をやめて任意にすること**であり、本質的には**「会員の意思を尊重した運営にすること」**ではないかと、私は考えています。

ある意味とても当たり前のことなので、「改革」という言葉は大げさな気もします。「適正化」という言葉のほうがいいのかもしれませんが、でも現状のPTAからすると、それはまさに「改革」なわけで……等々考えた末、本書ではやはり「改革」または「改革・適正化」という言葉を使うことにしました。

以下どうぞ、なにかしら、参考にしてもらえるところがあれば幸いです。お好きなところから、読んでください。

contents

第3章　PTA理不尽ビッグ6　～みんなのエピソード～――47

会長……
ううん
「PTA」という
組織から
サヨナラ〜
全ての
理不尽が
なくなっていく……

＊当書籍は主に公立の小中学校のPTA等を想定して書いています。

第1章

みんな知らないPTAのABC

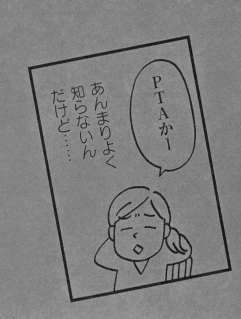

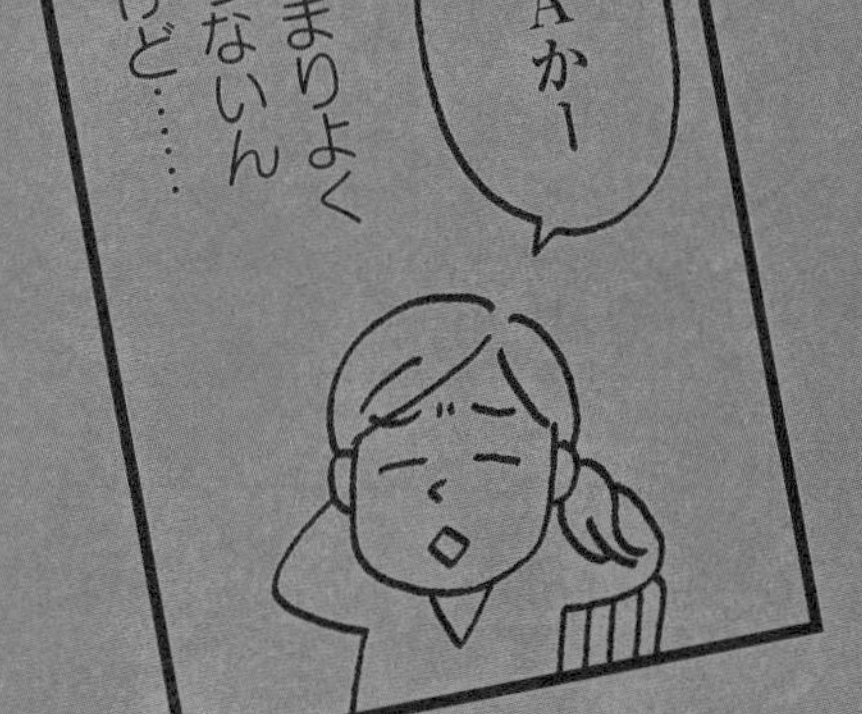

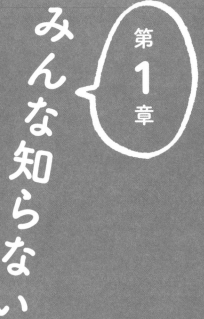

さて、改革・適正化を考える前に、そもそもPTAってどんな組織なの？　ということを、ざっと確認しておきましょう。「実はよく知らない」という人も意外と多いかもしれません。各PTAごとに違いもありますが、現状はおおよそ、こんな感じです。

PTAと学校はまったくの別団体

PTAは、その名称から「保護者（Parent）と教職員（Teacher）が、子どもたちのために協力する会（Association）」と理解されています。

PTAは学校との線引きがあいまいで、よく「学校の一部」のように誤解されていますが、本当は学校とは全く別の団体です。先生や職員さんたちも大体会員になりますが、ほぼ会費を払うのみで、活動は保護者がメインです。

学校はPTAという他団体に対し、お手紙の配布や回収を代行してあげたり、施設の一部である空き教室を無償で貸してあげたりして、優先的な扱いをしています。これはPTAが「その学校に通うすべての子どものため」に活動する、公共性のある団体だからであり、こうした特別な扱いを認める校長先生には、PTAのあり方に目を配る責任があると考えられます。

すべてのPTAは入会も退会も自由

PTAは現状、保護者も教職員もいつの間にか会員にされることが多いため、「必ず入らなければならない団体」のように思われがちですが、実は入会も退会も自由です。PTAの加入は任意であり、入ることを義務付けるような法的根拠は一切ありません。

ですから本当は「入らない」とわざわざ言う必要もなく、「入らない理由」を告げる必要もありません。駅前のスポーツクラブの会員にならないことや、その理由について、わざわざスポーツクラブに言いにいかないのと同じです。スポーツクラブに限らず一般的な団体は、本人の申し出がないのにその人を勝手に会員にすることはないからです。

私たちは通常何かの会に入るとき、その会の趣旨やルール、会費等を理解したうえで、入るか否か判断します。ですがPTAは現状、ほとんど情報がないまま、且つ判断する機会も与えられないまま、会員とされることが珍しくありません。

活動はPTAによってさまざま

多くのPTAの活動は、主に「委員会」や「係」で行われています。

委員会はたとえば、講演会や講習会を企画・運営する「文化委員会」、翌年度の本部役員をやってくれる人を探す「推薦委員会」、ＰＴＡ活動の広報をする「広報委員会」、茶話会の実施や行事の手伝いなどをする「学年委員会」、地域といっしょに活動する「校外委員会」など。係は、登校見守りやパトロール、お祭り、読み聞かせなどがよくあります。

委員は、「各クラスの保護者から必ず○人出す」というルールが多いですが、ときどき、居住地区ごとの委員も出すというルールのＰＴＡもあります。

こういったＰＴＡの活動は「必ずやる」「必ず来て」などと言われ強制されることが多いため、保護者、実質母親たちはよくストレスを感じています。

ＰＴＡのお金の話

会費の額は、ＰＴＡによってだいぶ異なりますが、年額3千円台が多いでしょうか。東京は1〜2千円台と比較的安い傾向ですが、他の道府県では、6〜7千円を超える場合もたまにあります。東京都のＰＴＡ会費が比較的安いのは、昭和の時代に、学校への「寄付」がはっきりと禁じられたことなどが背景にあります（東京でも例外はあるようです）。

会費の徴収単位は、「1家庭いくら」または「児童生徒1人当たりいくら」という形が多いですが、「保護者1人につきいくら」という形や、子ども2人目以降で額が変わる形、「1口いくら×口数」で申し込む形など、いろいろバリエーションがあります。

徴収方法も、何パターンかあります。まず、PTAが単独で集めるケースと、学校が給食費などの学校徴収金といっしょに代理徴収するケースがあり、さらに「銀行引き落とし」と「手集金」(封筒)という2種類があります。筆者が以前行った調査では「学校徴収金といっしょに」×「銀行引き落とし」という組み合わせが最多で54%、次に多かったのが「PTA単独」×「手集金」という組み合わせで、24%でした。学校がPTA会費を給食費などとともに代理徴収する際の問題点については、次章で詳しく解説します。

「運営委員会」「総会」、実際のところ

組織全体の取りまとめをするのは「本部役員」の保護者たちです(「執行部」「総務部」などと呼ぶことも)。メンバーは会長、副会長、書記、会計(&会計監査)。人数はPTAによって幅があり、4、5人のこともあれば、十数名のところもあります。

なお、PTAで「役員決め」というときは、この「本部役員決め」を指す場合と「各クラスの役員=委員決め」を指す場合と2通りあります。この本では以下、前者を「本部役員決め」、後者を「クラス役員決め」、両方含む場合は「役員決め」と表記します。

本部役員と委員会の間には「運営委員会」というものがあります(「実行委員会」などと呼ぶことも)。これは本部役員と、各委員会の委員長(なぜか「部長」と呼ばれること

が多い）で構成される委員会で、管理職の先生などと定期的に会合をもちます。

事業予定や予算案、会則（規約）改正などは、多くの場合、「ＰＴＡ総会」で決議されます。総会は年度初めに行われることが多く、必要に応じて、臨時総会も行われます。総会には全会員が参加できますが、多くの場合、新旧役員さんと先生たちのみ出席し、その他の一般会員は委任状を出して欠席することが定番化しています。

ＰＴＡ総会は本来、会員が議論を尽くしてＰＴＡを動かすための大切な場だったはずですが、ほぼ形だけの〝シャンシャン総会〟になりがちなのが実状です。

ＰＴＡの始まりはボランティアだったはずが……

そもそも日本のＰＴＡがどんなふうにできたかについても、確認しておきましょう。

ＰＴＡはもともと、米国で誕生したものです。19世紀末、２人の母親が始めた「母親の会」がもとになったといわれています。

日本にＰＴＡができたのは戦後です。ＧＨＱが、文部省を通して全国の学校にＰＴＡをつくらせたのです。このとき、ＧＨＱの担当部局であるＣＩＥ（民間情報教育局）は、日本の大人たちに民主主義を学ばせることを意図し、戦前の「学校後援会」（「寄付」やお手伝いで学校を支える団体）からの脱却をはかったようですが、現状を見ると、残念ながら狙い通りにはいかなかったようです。PTAはできて間もない頃から、「学校後援会の看板のかけ替え」という指摘を受け続けてきました。

加入方法も、民主的とは言いがたい形でスタートしました。米国のPTAは「ボランティア」、つまり参加したい人が参加する「自主的な活動」でしたが、当時の日本にそんな発想はなかったのでしょう。現場では自ずと、昔から日本にあった「隣組」や「学校後援会」のように、「そこにいる人は、全員必ずやるもの」として始まったのでした。

あとで説明しますが、日本のPTAの最大の問題点である「強制」「義務」という性格は、日本でPTAができたこのときから、既に含まれていたのです。

昭和、平成、令和と時代が移ろうなか、PTAの問題点は何度も指摘されつつ、根本的にはあまり改善がありませんでした。ここ20～30年は、少子化や専業主婦世帯の減少に伴って「活動の担い手」が減少し、より「強制」の性格を強めてしまった面もあります。

しかし、10年ほど前から新聞やテレビで、強制加入等の問題がたびたび報じられるようになり、最近ようやく状況が変わり始めた印象もあります。

今が正念場かもしれません。

コラム PTAは「社会教育関係団体」ってほんとう？

「PTAは社会教育関係団体だ」とよくいわれますが、この言葉には、少し注意が必要です。社会教育関係団体は「社会教育に関する事業を主な目的とし、公の支配に属しない団体」と、社会教育法に定義されていますが、「PTAは社会教育関係団体だ」と書かれているわけではないのです。

以前、文部科学省に「PTAが社会教育関係団体である根拠は？　そう書いてある文書はあるか」と尋ねたところ「特にない」とのこと。「PTAは、社会教育関係団体の定義にあてはまると考えられるから、社会教育関係団体といわれている。もし定義にあてはまらないPTAがあるなら、それは社会教育関係団体ではないかもしれない」ということでした。

ですから、変な言い方になりますが「PTAは社会教育関係団体ではない」わけでもないのですが、「社会教育関係団体であるかどうかは、それぞれのPTAによる」というのが、実際のところでしょうか。

第2章 ここがマズいよPTA！

ここからは、従来型のＰＴＡの問題点を確認していきましょう。これまでは「当たり前」のこととして見過ごされてきたアレもコレも、「ＰＴＡ以外の団体でやったら大問題」ということが、いろいろあるのです。

この章ではまず、法にすら触れかねない重要なポイントを４つ、取り上げます。

問題点１　ふつうの団体ではありえない「自動強制加入」

ＰＴＡ問題の根本にあるのが、まずはこの自動強制加入です。これまで多くのＰＴＡは、保護者に「ＰＴＡに入るかどうか」という意思確認をしておらず、子どもが学校に入学したら保護者は自動的に会員として扱われ、先生や職員さんたちも、学校に着任したら自動的に会員とされてきました。

でも実は、ＰＴＡに加入を義務付けるような法的根拠は一切ありませんし、ＰＴＡの他にそんなやり方をする団体も、そうそうありません。かつて運転免許センターで「交通安全協会」への加入が義務であるかのような勧誘が行われていたため問題になりましたが、ＰＴＡの自動強制加入は、これと同じようなものです。自動強制加入は、憲法21条の「結社の自由」に反する、という指摘もあります。

当たり前のことですが、ＰＴＡも他のあらゆる団体と同様に、本人の意思にもとづいて入ってもらうしかありません。そのためには入会届を配るなど、ＰＴＡに入るかどうかの意思確認を行うことが必須です。

自動強制加入をめぐっては、訴訟も起きています。２０１４年には、熊本である保護者が「ＰＴＡに加入していないのに会費を徴収された」として、会費の返還を求める裁判を起こしました。最終的には二審で「ＰＴＡが任意加入であることを周知する」ことを条件に和解したのですが、今後も同様の訴訟が起きる可能性はあるでしょう。

なお、このとき被告となったＰＴＡの会長は「ＰＴＡの冊子を原告に渡したので、入会していた」と主張しました。この理屈はさすがに、誰が聞いてもムリがあるでしょう（判決文でも、この点にはつっこみがありました）。

自動強制加入をさせているＰＴＡの会長さんは、もし訴えられた場合、こういう苦しい主張をせざるを得ない、ということは覚えておいてもらえたらと思います。残念ながら、他団体である学校には、助けてもらえません。

問題点２　犯罪すれすれ「会費の強制徴収」

ＰＴＡでは、加入と会費の支払いがほぼセットになっているため、会費も本人の同意なく徴収されることがよくあります。第１章で説明したように、ＰＴＡ会費は学校が給食費などといっしょに代理徴収していることが多いため、保護者はそれと気づかず、いつの間にかPTAに会費を納めることになりがちです。

しかし、本人に意思を確認しないままお金をとるというのは犯罪すれすれというか詐欺というか、かなりヤバいやり方だと言わざるを得ないでしょう。本来は当然、一般的な他の団体と同様に、加入するかどうかを本人に判断してもらい、同意をとってから会費を払ってもらう必要があります。

そもそもPTAと学校は別の団体なので、本当はPTAが単独で会費を集めたほうが、誤解がないでしょう。もし学校に会費を代理徴収してもらう場合は、PTAと学校の間で業務委託契約を結び（P144参照）、さらに入会届を出してもらうときなどに、一人ひとりの同意をとっておく必要があります。

なお、ときどき「就学援助対象の家庭は会費を免除する」といったルールを設けているPTAがありますが、これも問題です。強制加入を前提とした場合には一見「親切」なルールですが、本来PTAは任意加入であることを前提に考えると、謎ルールです。もし誰でも「入る」「入らない」を選択できるなら「免除」は不要でしょう。

こういった「免除」のルールがあると、役員さんが就学援助対象家庭を知ってしまうことも多く、個人情報の取扱いという観点からみても、非常に問題があります。

問題点3　善行っぽいけど問題　学校への「寄付」

現状のPTAは、学校への「寄付」と「お手伝い」、すなわち「お金」と「労働力」というリソースの提供をし過ぎ、という問題もあります。

「それの、どこが問題なの？」と思った方もいるかもしれません。現状、教職員も保護者も「PTAというのは学校にお金をあげて、お手伝いをする団体」と思っている人が大半ですし、実際、学校はそれで大いに助かってきたわけです。「学校には本当にお金（公費）がないんです」と校長先生たちが嘆く通り、学校は国や自治体から、本当に少ない予算しかもらえていません。

でも本来、学校に必要なモノや労働力は、公費という公的な予算＝税金で賄う必要があります。義務教育無償は憲法で定められていること。学校に必要なお金を保護者だけで賄えば、当然負担は重くなります。税金なら基本的に応能負担ですが、PTAはすべての家庭に「お金」と「労働力」を一律に課すため、余裕がない家庭ほど大きな負担を負います。

しかも、いまのような強制ベースでの「寄付」やお手伝いは、ますます問題です。自動強制加入のPTAで、つまり本人の同意なく集めた会費で学校に「寄付」をするのは、本当の意味での寄付とはいえません（そのためカギカッコ付きで「寄付」としています）。

この「割当寄付《わりあて》」は地方財政法※で、はっきりと禁じられているのです。

会費からでなく、バザーや資源回収など、保護者の労働力提供によって得た収入から出すのであれば、割当寄付にはあたらないかもしれませんが、ただしこの場合も自治体への寄付採納など、正規の手続きをするのが妥当でしょう。

PTAは本当は「寄付」やお手伝いの代わりに、国や自治体、社会に対し「学校にしっかり予算をつけてくれ」と声をあげる必要があったのではないでしょうか。戦後75年も経つのに、いまだに「学校にはお金がないんです」「ではPTAが出します」と言い続けている状況は、さすがにどうかと思います。

PTAによる学校への「寄付」は、昔は現金を渡す形が多く、額も100万円を超えることがザラでしたが、戦後、繰り返し議会やマスコミで取り上げられてきたため、だいぶ減ってはきました。しかし、それでもまだ数万～数十万円の現金を渡したり、「教育振興費」などの名目で、学校の備品を買ってあげる「寄付」は多く、100万円を超える例もまだ見かけます。

たとえば、ある自治体の調査では、「PTAからの受け入れ経費（平成30年度）」が100万円を超える小学校は約110校中4校ありました。

東京など一部の自治体は、「寄付」をはっきりと禁じたため、会費からの寄付は少ないのですが（区にもよりますが）、その分、バザーやベルマーク活動など、無償労働の換金による寄付に流れている傾向もあります。

さらに、地域や学校によっては「〇〇学校後援会」などPTAとは別の団体があり、そこでも「寄付」を集めていることもあります。本当の寄付（任意）なら問題ないのですが、残念ながらPTAと同様、「全員必ず払ってください」という割当寄付も見られます。

なお、学校がPTAのお金に頼りがちな原因は、公費の不足に加え、公費の「使い勝手の悪さ」にもあるようです。購入先が限定され、お金がおりるまでに時間がかかる、という問題も改善が求められます。

※地方財政法　第四条の五　国（中略）は地方公共団体又はその住民に対し、地方公共団体は他の地方公共団体又は住民に対し、直接であると間接であるとを問わず、寄附金（これに相当する物品等を含む。）を割り当てて強制的に徴収（これに相当する行為を含む。）するようなことをしてはならない。

問題点4　ダダ漏れ注意「個人情報保護法令違反」

そもそも、なぜPTAでは「入会申込みを受けずに会員をゲットする」というアクロバティックなことをできるのか？　というと、学校がもつ保護者や教職員の個人情報（名簿）を、PTAのために無断流用、あるいは無断でPTAに提供しているからです。だからP

ＴＡは、本人からの申込みがないのに「会員がいるような体裁」をつくれてしまうのです。

このようなやり方は、もちろん問題があります。まず、ＰＴＡは「個人情報保護法※」に違反します。２０１７年から改正個人情報保護法が施行され、ＰＴＡも対象事業者となったのですが、この法律では、個人情報を不正な手段で入手することを禁じています。学校から個人情報を無断提供してもらうのは適切な手段ではありません。

他方、名簿をＰＴＡに無断提供する学校も、自治体の「個人情報保護条例」に違反します。公立の学校は個人情報保護法の対象ではなく、自治体の個人情報保護条例の対象なのです。条例も法律と同様に、個人情報の目的外利用や、本人の同意なく第三者に提供することを禁じています。ですから、学校がＰＴＡという他団体に名簿を無断提供することには、問題があるのです。最近では、校長が書類送検された例もあります。

ＰＴＡは、本当は自分たちで入会申込みを集め、このときに本人から個人情報を提供してもらう必要があります。要は、一般の団体と同様のやり方をするということです。

なお、ＰＴＡが会員から適切に個人情報を入手していれば、非会員の情報は入手できません。つまり「誰が非会員であるか」をＰＴＡは把握できないことになります。

ときどき、ＰＴＡに個人情報を提供することについて、学校が各保護者に同意をとるケースもあります。個人情報の取扱い方としては間違っていませんが、ただしこのやり方では、問題点１で指摘した「自動強制加入」の問題が残る点には、注意が必要です。

個人情報をPTAに提供することと、PTAに加入することとは、本来全く別のことです。

※個人情報保護法　第十七条　個人情報取扱事業者は、偽りその他不正の手段により個人情報を取得してはならない。

＊　＊　＊

この章で取り上げたPTAの4つの問題点は、法令遵守の観点からも見過ごせません。PTA以外の、一般団体でこういったことをすれば、ニュースになりかねないでしょう。

PTAや学校ではよく、一般的にやってはいけないことでも「子どものためだからよい」と正当化されますが、そんなことはないはずです。子どものためだろうが、大人のためだろうが、やってはいけないことは、やってはいけないでしょう。

学校という場で活動するなら、子どもたちに見せて恥ずかしくない運営をしたいものです。

コラム　ＰＴＡ会計の横領事件とふくれあがる繰越金

ＰＴＡでは、全国でたびたび横領事件が起きています。横領を行うのは、会計を担当する教職員のこともあれば、ＰＴＡで雇用する職員や、保護者のこともあります。自治会などでも横領はよくありますが、ＰＴＡの場合は額が大きく、数百万円にのぼることも珍しくありません。

なぜそんな額になるのか？　というと、繰越金を貯め込んでいるＰＴＡが多いからでしょう。「多額の繰越金の処理に困っている」という話は、全国のＰＴＡで大変よく聞きます。それはつまり、会費を必要以上に集めているから、そうなるわけです。

だったら会費を下げればいいのですが、なぜそうしないのか。なかには、校長先生が学校への「寄付」が減ることを恐れて難色を示すケースや、会長さんが繰越金の額を、学校に対するＰＴＡの発言権のように捉えているケースもあるようです。

横領事件が起きると、その団体の会員も、横領した本人や、その子どもも、みんな辛い思いをします。未然に防ぐためにも、なるべく会費は下げ、繰越金を必要最小限に減らしたいものです。

第3章 PTA理不尽ビッグ6

～みんなのエピソード～

役員決め、ポイント制、前例踏襲と目的不在、ジェンダーバランス、非会員家庭の子どもの差別、登校班――。この章では、アンケートで寄せてもらった経験談をもとに、PTAでよく見られる〝理不尽な慣習〟について掘り下げていきたいと思います。

❶沈黙のクラス役員決め

――入学式の後に体育館に軟禁状態でクラス役員決め。「決まらないとお子さんの教室に行けませんよ！」と言われた。（コアラさん）

――夫婦とも残業休出アリのフルタイム正社員。本当に無理なのに「共働きは、できない理由にならない」と言われた。（ぷにさん）

――委員に選ばれたが「下の子が小さいのでできない」と話すと、自分で代わりを見つけるよう言われ、結局見つけられず、やらざるを得なくなった。（冬子さん）

――シングルマザーで仕事が忙しく学校行事にも出られないが、一部の保護者から怒った口調で「係はみんな1度はやるんです！」と突然話しかけられた。（新しい下水道さん）

――転入したてのお母さんが役に当たって泣いてしまい、「代わりにやる」と手を挙げたが「あなたはもう何度もやってるから」と他の人たちに止められた。（Nさん）

PTAが嫌われる最大の要因、それは「活動を強制すること」でしょう。強制の対象はなぜか母親のみ。「自分も我慢してやったんだから、他の人もやらないのはズルい」という怨念から生じる強制力は、ある種、呪いのようです。多くのPTAでは、活動の強制があることも知らされないまま、加入を強制されるという状況が続いています。

活動強制が一番目立つのは、入学式の後や、4月の保護者会の後に行われる「クラス役員決め」（委員決め）のときです。多くのPTAには「6年間に必ず1度（か2度）は委員をやる」「各クラス（または各学年・各地区）から必ず〇人の委員を出す」などの謎ルールがあるため、長い沈黙が続いた末、じゃんけんやクジ引きで役を決めたり、休んだ人に役を押し付けたりすることになりがちです。

なかには役員を「できない理由」をみんなの前で言わせ、他の保護者たちがその理由を認めるか否かを挙手で決めたり（「免除の儀式」と呼ばれることも）、病気の人に医者の診断書を提出させたりするPTAもあり、泣く人が出ることも珍しくありません。保護者同士のつながりをつくるどころか、関係を悪化させている面も少なからずあるのです。

また、毎年全員が何らかの役につく「一人一役」のルールを採用しているPTAでは、全員に役が行き渡るよう、必要以上に「仕事」をつくり出していることもあります。

PTA全体の取りまとめ役、本部役員を決めるときや、委員長（部長）を選ぶときも、クラス役員決めと同様、またはもっとシビアな状況になりがちです。

もちろん、こんなのは間違ったことです。PTA活動は任意ですから、無理をして役員や委員をやる必要もなければ、「できない理由」を人に言う必要も、本当はありません。でも保護者たち、特に母親たちは活動に参加しないと他の保護者から陰口を叩かれることを恐れ、自ら活動強制に従い、且つ他の人たちに活動を強制し続けてきました。

活動の現場でも、強制は起きます。委員長さんが「必ずこの日に来てください」というタイプの人だと、ヒラの委員は従わざるを得ません。「未就学児を連れてきてはいけない」と言われ、小さい子を家に留守番させて参加するようなケースも見られます。

コラム 活動は強制するのに本部役員の「立候補」は冷遇の怪

現状、本部役員のなり手（引き受け手）が出ずに困っているPTAのほうが多いので、あまり問題視されていませんが、立候補を受け付けないPTAや、立候補が出ても現・役員さんや管理職の先生の判断で排除してしまうケースは、実はよくあります。「なり手がいない」と言いながら立候補を冷遇するのはおかしな話です。役員になるのを強制するのも、逆に立候補を排除するのも、どちらもつまり、会員の意思を尊重していません。

役員さんが「自分たちと近い考えの人と活動したい、そうじゃない人はお断りしたい」と思うのもわかるのですが、断られる側を想像したら、どうでしょうか。筆者も経験がありますが、フェアではありません。

よく役員さんや管理職の先生は「立候補する人は危険」と真顔で言いますが、聞くたびに複雑な気持ちになります（それ私……）。「立候補すれば誰でもOK」とまではいかなくても、選挙なり、推薦を集めることを条件にするなり、もう少し民主的な選出方法があるのではないでしょうか。

❷摩訶不思議「ポイント制」

——本部役員が全保護者会員のポイントを事前にチェック。役員決めの当日、立候補がいなければ、一定のポイント数に満たない人からクジ引きになる。（ゆるりとつながり隊さん）

——ポイント制のルールが複雑すぎて、集計する人の手間がかかる。（とりさん）

——毎年、自己申告のポイント数を一覧にして、各クラスで委員の投票をする。申告の提出が遅れるとポイントがゼロに。高学年になると自然と低ポイントの人に票が集まる。仲良しグループが相談して誰かに票を集中させることもある。（たなちゃんさん）

役員決めが早く終わるよう、「ポイント制」という仕組みを採用するPTAがときどきあります。これは「本部役員をやったら5ポイント、委員は3ポイント、係は1ポイント」というふうに役職ごとに獲得ポイントを決め、「卒業までに何ポイントためる」といったルールを会員に課すものです。高学年になると、獲得ポイント数が少ない保護者に声がかかり、一人残らず全員にPTAの「仕事」をやらせることができます。

役員決めが早く済むので、一見よさそうに見えますが、完全に強制を前提とした仕組みですから、雰囲気が悪くなることを免れず、弊害が目立ちます。

さらに、ポイント制は一度始めると、やめるのも困難です。ポイント制のもとで活動した保護者は「ポイント制をやめる」＝「せっかくためたポイントが失われて自分が損をする」と感じ、継続を求めるようになるからです。あるPTAでは、役員さんが委員の数を減らそうと提案したら「ポイントがためられなくなる」と苦情が出たといいます。

一方で「ポイント制をやめたらPTAの雰囲気がよくなった」という話もよく聞きます。大阪のある小学校のPTAでは、保護者全体にアンケートを実施。「廃止に賛成」が7割だったため、なくすことにしたそう。川崎市中原区PTA協議会の元会長・宮田大輔さんは、各PTAの会長や役員さんたちに「ポイント制はNG」と周知し続けた結果、区内すべてのPTAのポイント制が廃止に。最後に残った1校では、校長先生から「やめましょう」と言ってもらったことも、効いたようです。

ポイント制は残しつつ「実質無効化した」例もあります。岐阜県の小学校の元PTA副会長・高橋尚美さんは、一部の根強い反対からポイント制自体はやめられなかったものの、代わりに「免除のルールをやめ、理由不問で誰でも辞退可能にする」ことで、ポイントを「ただの点数」に変換したということです。

コラム ポイントをためないと罰ゲームは「卒対」!?

「卒対《そつたい》」とは、主に小学校で卒業祝いの準備をする6年生保護者の活動です。「卒業対策委員会」の略と言われますが「卒対」という名称で定着しています。

卒対は、もともとはPTAとは別の、保護者有志の活動だったはずですが、慣例的にPTAの委員が兼ねることが多く、PTA活動に組み込まれている場合もあります。やることは、卒業式で配る祝い菓子や記念品の準備、卒業アルバムの手配など。昔は謝恩会の準備も定番でしたが、最近は謝恩会自体をやらない学校が増えています。

PTAではよく「低学年で委員をやったほうがいい」と言われ、1、2年生のときはじゃんけんによる争奪戦になりがちですが、これは6年になると卒対がまわってくる可能性があるためです。やたらと嫌われていますが、卒対を経験した筆者としては、他の委員会活動よりは面白かった印象です。そのときのメンバーで決められることが多いからです。

❸思考停止の「前例踏襲」

――教育委員会からPTAに委託される「家庭教育学級」と、文化委員が企画する研修会は内容がほぼかぶっているうえ、どちらも参加者が集まらず、毎回保護者が無理やり動員されている。どちらかをやめるよう提案したがスルーされた。（ゆうこりん）

――ベルマーク。複数の保護者から「時間がかかるわりに得られる額が少ない」と意見が

出た。役員にやめようと提案したが「PIAの仕事が少ないのは困るからなくせない」と却下された。（かえるさん）

――不審者対策で、PTAが運動会の受付をしている。保護者や来賓の名簿に来場者が○をつけるだけなので、なりすましでもわからない。効果があるのか疑問。（P太郎さん）

――委員2年目、部長さんに活動のスリム化を提案。「総会で事業計画や予算が決まっているので無理。賛同しないなら委員になるべきでなかった」と言われた。（コバコバさん）

よく言われるように、PTAは「前例踏襲」に陥りがち、という問題もあります。PTAは会員がどんどん入れ替わり、役員や委員も大体1～数年で交代します。そのため経験や知識が蓄積されづらく、やり方の改善や、新しい取り組みにたどりつかないまま、「とりあえず去年通り」の活動を繰り返すことになりがちです。

またPTAは、その年度の活動や予算について、4月の総会で決めてしまうことが多いため、年度が始まってからは活動を変えづらいという側面もあります。

「前年通り」を続けていると、だんだんと「何のためにその活動を行っているのか」という、元の目的を考えることも忘れてしまいます。そしていつの間にか「まだやっていない人にやらせること」や「全員に必ずやらせること」が目的化してしまうのです。

目的が広く、あいまいなところも、ＰＴＡの難しいところです。一般的に、ＰＴＡの目的は「子どものため」あるいは「保護者の学びのため」と理解されていますが、これではちょっと幅が広すぎて、大体どんな活動でも該当してしまいます。

運動会など学校のお手伝いも、ベルマークや資源回収などによる「寄付」も、交通見守りも地域協力も、みんな「子どものため」といえますし、広報紙づくりや、講習会の企画開催なども、みんな「保護者の学びのため」といえてしまいます。目的を再考し、ある程度絞り込むことも必要ではないでしょうか。

コラム

「全員にやらせることが目的化」にご注意

ＰＴＡでは、「作業を細かく分けて募集した」という改善例をよく聞きます。

たとえば、小学校のＰＴＡ会長、モチヅキさんは、本部役員の仕事やイベントの準備作業を小分けにして参加者を増やしたところ、各々の負担が減ってラクになったそう。小学校のＰＴＡ役員だった玉子さんも、委員長ひとりに偏りがちだった仕事を細かく分け、「係」として人を募集したら好評だったといいます。

よいことだと思うのですが、一点だけ気を付けてほしいのは、目的はあくまで「参加しやすくすること」だという点です。よくPTAでは、仕事を細かく分けて「全員、またはより多くの人にやらせること」が目的に置き換わりやすいのですが、これはある種の倒錯です。下手をすると「やらない人を撲滅するために仕事を増やす」というケースさえときどき見かけるので、どうかそんなことにならないよう、注意してもらえたらと思います。

❹会長は父親、活動は「母親の義務」

――「会長は男性。副会長の父親は何もしなくてよい」と引継ぎがある。（ふーたさん）

――運動会の〝お母さん〟による来賓への「お茶汲み」は時代錯誤だからやめようと提案。もちつき大会で「お父さんの手洗い、指先チェックは、お母さんが行ってください」という項目を「男女差別なので削除してほしい」と提案した。（うめさん）

――ママ友にPTAの愚痴を話していたら、友人の夫が横で「おやじの会は飲んでるだけだから楽しいよ！」と言い、殴りそうになった……。（暴力反対さん）

ジェンダーバランスが異様に偏っていることも、ＰＴＡの最大の問題点のひとつです。まず大半の地域では、会長は男性ばかり。公立小中学校のＰＴＡの女性会長の割合は、たった14・8％です（内閣府調べ　２０２０年12月時点）。

対照的に、会長以外は母親ばかりです。活動への参加は、なぜか「母親の義務」と思われており、父親はほぼ想定されていません（稀に、シングルファザーが「母親」カウントされるケースも見かけますが）。単発で参加できる「係」の活動は多少、父親も増えているものの、継続的な参加を求められる「委員会」活動は、今も母親がほとんどです。

ただし、単純に「父親のせい」ともいえません。ＰＴＡはあまりにも母親が多く、平日の日中の集まりに参加する父親は「ぼっち」になりがちです。そこで、父親たちが参加しやすいよう「おやじの会」をつくった、という話もよく聞くのですが、これによって「ＰＴＡ＝母親」「おやじの会＝父親」という棲み分けが固定化してしまった面もあります。

ときどき「母親代表《ははだい》」や「母親委員」といったポストを設けているＰＴＡもありますが、これも「おやじの会」と同様の問題があります。「会長は父親（男性）」という前提のもと、ある種「女性活躍」のために設けられた役職でしょうが、むしろ「会長は父親」という縛りを強化することにもつながってしまっています。

コラム 「無駄な活動をなくす」の注意点

「PTA活動の無駄をなくそう」という話がよく聞かれますが、これにはちょっと注意が必要です。「無駄」の基準は人それぞれ違うからです。

たとえばベルマーク活動にしても、寄付という観点からは非常に無駄が多い、非効率なものですが、たとえば夫の転勤で知り合いのいない土地にやってきた母親など、友達づくりやおしゃべり、交流が目的の人にとっては「無駄」ではないこともあります。一見無駄に見えても、無駄ではないと感じ、好きでやっている人がいるなら、必ずしもやめる必要はないでしょう（そういった仕事があんまり多い場合は減らしたほうがいいとは思いますが）。

ただし「本当にやりたい人以外を巻き込まない」ことは、必須です。どんなPTA活動も同様ですが、「必ず何人やる」「必ず参加する」という決まりにするくらいなら、やらないほうがずっといいでしょう。

❺それは脅しでは……「非会員家庭の子ども差別」

――退会届を提出したら「子どもがPTA主催のイベントに参加できなくなり、配布物をもらえなくなるが、いいか？」と言われた。（にゃんまげさん）

――総会で、任意の告知や入会届の導入を求め、強制をやめるよう提案した。却下され続け、翌年度は退会の意思を会長に伝えると「退会はできない」と言われた。3回目でやっと認められたが、退会を周囲に言わないよう口止めされた。（ちゃーさん）

――入らないと担任の先生に伝えたら「原則全員参加」と言われた。（ゆらころりさん）

一昔前と比べるとPTAが任意加入、つまり入会も退会も自由であることはだいぶ知られるようになり、最近は非加入を選択する人も増えてきました。でも実際のところ、ほとんどのPTAにはまだまだ「やめづらい空気」が漂っています。

「退会する」「入らない」と伝えると、会長や役員さんから「非会員家庭の子どもには不利益がある」と言われてしまうケースも、いまだにあります。「子どもに配る卒業記念品をあげない」「登校班から、はずれてもらう」（次項参照）などと言われ退会をあきらめた、という話も、なかなかなくなりません。

しかし、PTAはその学校に通うすべての子どものための団体ですから、このような対応は不適切です。そもそも会員は保護者や教職員であって、子どもは会員ではありませんし、保護者が会員か非会員かで子どもの扱いを変えるのは、PTAの趣旨に反します。公共性のない団体が学校という公共施設を優先的に使うことには問題があるでしょう。※

たとえば「読み聞かせサークル」の保護者たちが、メンバーの家庭の子どもだけ集めて図書室で読み聞かせをしていたら？「おやじの会」が、会員家庭の子ども限定のイベントを学校の校庭でやっていたら？「何それ」と感じる人がほとんどではないでしょうか。少なくともそれは、学校の敷地内でやることではないはずです。

もし記念品などモノを配るなら、保護者が会員かどうかにかかわらず、すべての子どもに配る必要がありますし、もしそれができないなら、最初からモノは配らなければよいのです。欲しくない品をもらうより、自分で好きなものを買いたい人もいます。

これまで長い間、PTAは全員強制加入だったため、会員家庭のための団体だという誤解が根強いですが、本当はPTAは任意加入であり、且つその学校に通うすべての子どものための団体であることを、みんなが理解する必要があるでしょう。そもそも教職員の会員は、その学校に自分の子どもが通っていなくても、会費を払っています。また、各地の教育委員会やP連が発行した手引きや通知も、非会員家庭の子どもが不利益を受けること

がないよう、配慮を求めています。（巻末参照）

※学校教育法　第百三十七条　学校教育上支障のない限り、学校には、社会教育に関する施設を附置し、又は学校の施設を社会教育その他公共のために、利用させることができる。

❻じつは問題だらけの「登校班」

――入学説明会のとき既に登校班が決まっており、班分けの名簿が配られた。入学前なのに、なぜPTAに名前も住所も知られているのかと怖かった。（猫しか勝たんさん）

――登校班の世話人を取りまとめる役を引き受けたら、自動的に校外委員になった。災害時に避難所の管理もしなければならないと知り、さらに仰天。（どこかの都民さん）

――月に1度、通学路の決まった地点でPTAが「登校見守り」をしているが、おしゃべりの場と化している。（大中小林さん）

交通安全などのため、家が近い子どもを「登校班」で集団登校させる小学校がときどきあります。4月のみだったり通年だったり、2か月に1度だったり毎日だったり、実施期間や頻度は学校によりまちまちです。高学年の子に引率してもらえるので、新入生の保護者には魅力的ですが、いろいろと問題も見られる仕組みです。

ＰＴＡを退会するときは「子どもが登校班に入れなくなる」など、脅しのように使われることもあります。これは「登校班の編成」という手のかかる作業を、学校でなくＰＴＡがやることが多いためです（集団登校は一部の保護者の要望で始まるケースが多いので）。

さらに、個人情報の取扱い上の問題もあります。ＰＴＡや子ども会が班編成を行う場合、多くの学校は保護者に無断で新入生の名簿を役員さんに渡していますが、これはもちろん不適切なやり方です。そのため、たとえば里親の名字を通名としている里子の実名が、知らぬ間に他の保護者に知られてしまう、といった問題も起きてきました。

同じ班の子ども同士の喧嘩やいじめ、「歩道をふさぐ」などへの近隣住民からの苦情など、ＰＴＡとは関係ないトラブルもあり、先生たちからもよく悩みを聞くことがあります。

こういった背景から、最近は個別登校をベースに切り替え、希望者のみグループ登校させる学校も増えているようです。今後はスクールバスの利用が広がる可能性もあります。

コラム 登校の見守り（旗振り・旗当番）

「登校の見守り」は、保護者や地域住民が歩道に立ち、子どもたちの安全を確保しようという活動です。最近は定番化していますが、30〜40年前のＰＴＡではあまり行われていませんでした。ここ20〜30年ほどの間に広がったものと考えられます。

見守りも集団登校と同様、期間や頻度、参加形態は、学校によって異なります。委員や係で担当するところもあれば、すべての保護者を当番に組み込むところもあるほか、自治会や子ども会と共同で実施するところなどもあります。

子どもの安全はもちろん大切ですが、保護者たちも多忙です。たまに先生が見守りをする地域もあるようですが、先生も多忙です。見守りが必要なら、本当は公的な予算でちゃんと人を雇う必要があるのではないでしょうか。路面標示やガードレール、ハンプ、信号機の整備など、見守りなしでも安全が確保されるよう行政に働きかけることもだいじです。

なお、見守りは不審者対策の目的もあると言われてきましたが、２０１７年に登校見守りをしていた保護者会会長による児童殺害事件が起きて以来、防犯カメラを設置する自治体が増えています。

理不尽の正体は「強制」にあり

ここまで見てきたように、ＰＴＡには理不尽な慣習がいろいろあるのですが、その理不尽さの源は「強制」にあると考えられます。なぜか「必ずやれ」と言われ、意思を尊重してもらえず、参加を強要される。だからモヤモヤするのでしょう。

強制の背景には「ＰＴＡは誰かがやらないといけない」という思い込みがあるわけですが、根拠はありません。もし本当に誰かがやらないと困るような仕事があるなら、それは国や自治体が税金でやるべきこと。「やらないといけないこと」は実際にはなく、もしやる人がいないなら、その活動はやめていいのです。

ただ、いくら「強制はダメ」と言っても「ずっと強制だったんだから、いいじゃない」と思う人もいるでしょう。たまたま気のいい人が集まって、楽しくやっていることもあるでしょう。でも、それはほぼ運によるものであり、強制をベースとする限り、いつか誰かが泣くリスクはあります。さらに強制には、こんなデメリットもあります。

1.「楽しくない」「やる気をなくす」 強制というのは、参加者が「自分の意思を尊重してもらえない」ということであり、楽しくないし、やる気もなくしてしまいます。単純ですが、このデメリットは、思いのほか大きいと思います。

2.「根本的な問題が解決しない」 たとえば、何かの集まりで手伝いを募集して人が足りなかったとき、ふつうの団体なら「なぜ人が集まらないか」を考えます。でも強制だと「足りないなら学年委員さんにも出てもらおう」で話が済んでしまいます。すると「そのお題が適切だったか」ということが検証されず、翌年も同じ問題が起きがちです。

3.「辛い人を、より追い詰めてしまう」 家庭の状況は、それぞれ本当に違います。「下に乳幼児がいる」「親の介護がある」「実は病気で生きているのがぎりぎり」等々。そこで「必ず全員平等にやって」と求められたら、ぎりぎりの人はより大変になります。「なら、そうならないよう理由を言わせよう」というのがPTAでは「常識」でしたが、本当はそれは、一番やってはいけないことでしょう。言いたくない人もいるのです。

4.「生産性のない仕事が発生しがち」 他の人に対して、本人がやりたくないことをやらせるのは、とても手のかかることです。何度も連絡を入れたり、「来なかった人チェック」をしたり、やたらと労力がかかるわりに何も生みださず、誰も得をしません。

5.「保護者の関係を悪くする」 PTA活動をきっかけに友達ができたという人も、特に役員さんでは多いかもしれません。でもその一方で、強制によって保護者同士の関係が悪化する経験をした人もたくさんいます。活動に参加しなかったために悪口を言われ、学校行事に足を運びづらくなった、という人の話はよく聞くものです。

以上が、強制がもたらす主な弊害です。

強制は体罰とも似ています。昔は「子どもは殴らないとダメ」と信じられていましたが、今は誰もそんなことを言いません。「最低限の強制は必要だ」というのは、「最低限の体罰は必要だ」というのと同じでしょう。

強制をやめても大丈夫

「強制がダメなのはわかる、でも強制をやめたら、PTAがまわらなくなるじゃないか」と不安に思う方も、まだまだ多いかもしれません。たしかに、今これだけPTAが嫌われている状況で、ただ強制加入をやめたなら、会員が激減することも考えられます。

もしそれを避けたいなら、一般の団体と同様に**運営方法や活動内容を改善し、且つそれ**

をアピールして、「入りたい」と思ってもらえる団体にする必要があるでしょう。

同時に、発想を切り替えることも必須です。これまでPTAは「前年通りの活動をするために、人やお金を（強制的に）集める」という考え方でしたが、これをひっくり返すのです。つまり「強制をやめ、任意の募集で、**集まった人とお金で、できることをやる**」と考えるのです。この頭の切り替えをできれば、強制は手放せるはずです。

これはつまり「**人が集まらない活動は、やらない**」ということでもあります。会長さんにとっては、ちょっと覚悟がいることでしょう。やめたら文句を言ってくる人もいるかもしれません。でも、どうか負けないでください。誰かが我慢して、いやいや続けるほうが、よほど悲しいし、間違ったことです。

コラム 理不尽PTAは教職員もツライよ

PTAにおける「T」＝教職員の立ち位置のハンパさも、難しい問題です。教職員も保護者と同様に強制加入が多く、会費は払っているものの、活動に参加することも役員になることも、想定されていません（管理職や担当の教職員を除く）。そのわりに、多くのPTAの活動時間は、教職員の都合に合わせて「平日日中」です。

ＰＴＡが行う学校への「寄付」には、教職員が払った会費も含まれますが、これもおかしな話です。スリッパだのパイプ椅子だの、勤務先の備品の購入のため、従業員がお金を払わされているような状態です。

役員さんからはよく「先生たちも会員なんだから、もっと手伝ってほしい」という声を聞きます。学校によっては、たくさんの「お手伝い」を求められる役員さんもいるので、「先生たちが何もしないのはズルい」と感じるのもよくわかりますが、ＰＴＡは教職員も任意です。やらない人を泥沼に引きずり込むより、自分たちが「お手伝い」を頼まれたとき、断るのがスジでしょう（心苦しいかもしれませんが、それでも）。

保護者も教職員も、いっしょにラクになる方向を探りたいものです。

あなたのPTAは大丈夫？

PTA理不尽度チェック

一般の団体では「アウト」なことを、PTAでは「当たり前」にやりがちです。
以下10項目、あなたのPTAは、いくつあてはまる？

- □ 入会届がない
- □ 入学説明会や入学式のとき「加入は任意」と説明がない
- □ 入退会について会則に書かれていない
- □ 個人情報の扱いに問題がある
- □ 会費が無断で口座から引き落とされている
- □ 強制的な役員決めが行われている
- □「できない理由」を言わされる
- □「ポイント制」がある
- □ 非会員家庭の子どもに記念品が配布されない
- □ 母親の比率が8割を超える

第4章

実録 会長・役員になってPTAを変えてみた！

さあ、ここからです。前章まで見てきたように、現状のＰＴＡには問題が山積していますが、我々の手で変えていくこともできなくはないのです。

では、どう変えればいいのか？　一番のポイントは、この２つではないかと思います。

１　入退会＆会費の支払いを自由にすること

２　活動を自由（手挙げ方式）にすること

要は、ＰＴＡで誰もイヤな思いをしないようにするために、強制をやめて任意にすること。すなわち「会員の意思が尊重される運営にすること」です。

よく「活動だけ任意にすれば、加入は強制でかまわない」という人がいますが、それだけではやはり、会員の意思が尊重されていません。加入も活動も強制の現状よりはもちろんマシですが、入会する気がないのに会費を払わされる人や、会員にされる人が出てしまいます。順序は何でもいいのですが、やはり１も２も、両方必要でしょう。

以下、この章で紹介するのは、会長や役員さんとして改革・適正化を進めた事例です。

Case 1　ポイント制を廃止したら思いやりの空気が生まれた

［竹内幸枝さんインタビュー］（２０２０年12月取材）

最初に登場してもらうのは、千葉県松戸市立栗ケ沢小学校（以下、栗小）PTAで会長をしてきた竹内幸枝《さちえ》さんです。同PTAでは、2019年度からポイント制をやめ、活動を手挙げ方式（やりたい人がやる形）に変更。さらに2020年度からは、入退会自由を前提とする仕組みや規約を整備したといいます。どんな道のりだったのでしょうか？

アンケートを実施し、改革の方向性を共有

――どんなきっかけで、本部役員になったんですか？

ポイント制ですね。2016年度当時、栗小PTAには「役員や委員や係の活動をやって、卒業までに何ポイントためなければいけない」みたいなルールがありました。入学前から「さっちゃんとこ、栗小？　あ～ポイント制だ、3人分だ！」みたいなことを言われていて、私も「そっか、これは計画を立ててポイント獲っていかないと大変だ」と（笑）。でも最初の活動者決めは、低学年でポイントを稼ぎたい希望者が多く、私はあえなくじゃんけんに破れ、初年度は0ポイント。

その年の秋、翌年度の執行部（本部役員）決めの説明会があったんです。今後のポイント獲得のために情報を取りに行こうと思って、何も知らずに参加したら、そこは説明会という名の互選会だった（苦笑）。みんな「できません」「無理です」と言う中、私も末っ子

がまだ1歳と幼かったので「お力になれないと思います」と話したら、推薦委員の人から「じゃあ、むしろ今だ！　仕事を始めてからだと、みんなもっと苦しい思いをするんですよ」と言われて。「そっか、なるほど。じゃあやります」って。

――素直でしたね（笑）。

でも、その役員決めが終わった後、推薦委員さんから「今年はみなさんが自分で引き受けてくださってよかった。例年だと決まらなくて、泣く人が出ますから」みたいな話を聞いて、「泣いてまで嫌がる誰かに、無理やりこれをやらせるんだ」って、すごくモヤモヤと違和感を覚えました。

で、いざ書記をやってみると、ＰＴＡのモヤモヤの背景にある「ポイント制」のおかしさに気付くわけです。みんなポイントを早くためて、ＰＴＡという「義務」を免れようと無我夢中になっている。そこでポイント制をなくすべく、立ち上がりました。

――それで翌年度は、副会長になったんですね。

そうです。このとき集まった役員のメンバーと方向性を共有できたので、「いっちょ、変えたろう」という雰囲気になって、まずポイント制から手をつけました。

最初に、一般会員みんなにアンケートをとってポイント制の是非を問いたかったんですけれど、当時の校長の賛同を得られなかったので、会員の代表である運営委員さんにアンケートをとったところ、ポイント制の存続賛成が6割、反対が3割強という結果でした。

――ああ、賛成が多かったんですね。運営委員さんたちは高ポイントを保持する人が多いので、どうしても一般会員よりは存続賛成が多くなりそうです。

ただ、その人たちが賛成する理由は、反対の人とほぼいっしょだったんですよ。「本当は反対なんだけれど、ポイント制をきっかけにやってみたら結果よかった」という。つまり「活動のきっかけとしてのポイント制はアリだと思う」という賛成だったんですね。それは確かにわかります、私自身も役員になったきっかけがポイント制だったので。

じゃあ、本当にポイント制が会員たちを幸せにしているのかといえば、決してそうではありません。低学年のうちはポイントを獲り合い、高学年では活動を押し付け合う。その際の「戦う武器」としてポイントの獲得数が使われ、保護者の人間関係に大きな影響を与えてきたわけです。そこで「ポイント制じゃない方法で、活動するきっかけづくりをすればいいんだよね！」と、会長になった春、みんなに提案しました。

――正論です！　でも、これまでのやり方に慣れた人は嫌がりませんでしたか？

やっぱり、いらっしゃいました。過去に役員をしていた方々から「あなたのやろうとしていることは、今までの人たちの否定だ」みたいに、怒られたこともあります。あとは、「これまでためたポイントはどうなるのか？」「ポイントが無効になるなら、これから一切の活動協力はしない」とかも言われました。

――改革の旗振り役の人は、同様の非難を受けがちです。もちろん合意を得る努力は必要

ですが、気にし過ぎないことも大事ですね。

そうですね。私、かねてから「自称KYY」と言っているんです。「空気が読めないわけじゃないけど、あえて読まない」の略。「世に広げよう、KYY」って感じです（笑）。

ポイント制を廃止し、入退会を自由に

――会長になった2018年度は、何から始めたんですか？

その春に、PTA改革案を出しました。活動のスリム化・細分化、活動者の定員廃止、手挙げ方式への変更、そしてポイント制の廃止です。一般会員向けの説明会などを経て、最終的には秋に開いた臨時総会で決議しました。最近は委員会をなくし、手挙げ方式にするPTAも多いですが、うちは（委員長が参加する）運営委員会という合議機関はなくしたくなかったので、委員会は残しつつ、手挙げ方式でやっています。

活動する人は、前年度のうちに募りました。「クラスごとに何人」という枠をなくしたので、クラス替えをしても影響がないし、そのほうが最終学年の委員さんからの申し送りもスムーズになるので。最終的に応募者が出ない委員会は、会員の総意として休止にしました。

――さらに2020年度からは、入退会の仕組みも整えたと。

はい、以前からPTAが任意加入の団体だということは言ってきたんですけれど、入退会の方法が会則に書かれていなかったので会則を変更し、また入会届と退会届を整備しました。それから個人情報取扱規定も整えて、会費の引き落としなどの経理業務のほか、事務一般に関しても、学校と業務委託契約を結びました。

――非会員家庭の子どもの扱いを変えないことも確認したそうですね。本来当たり前のことなのですが、反対は出なかったですか?

そういうことがないように、前年度のうちに対策を講じていました。PTAは親が会員か非会員かに関わらず、すべての「栗っ子」を対象とした団体であることを運営委員会で改めて確認し、個人還元にあたる記念品などの配付や、慶弔費、学校への寄付など、「会員で割り勘するもの」と捉えられそうな活動を廃止しておいたんです。そうすれば非会員や退会者に対して「会費を払わないのはズルい」なんていう話にはなりません。

もちろん、会員の総意で「会員家庭か、非会員家庭かにかかわらず児童全員に配りましょう」と決めたなら配ってもいいと思うんですけれど、もしそれが「非会員が少人数ならば」という前提なら、違うでしょうと。仮に会員2割・非会員8割でも、全員に配るのか。もしそこで揉めるなら最初からやめたほうがよくないですか、ということです。そうやって決めておけば、非会員になる人たちが変に負い目を感じなくて済むし、会員の人たちがやっかむこともなくなる。「会員でない人を責める理由がない組織、そして会員が自らを誇りに思える組織」にならないといけないと思ったので。

でも、議論は紛糾しました。これまでＰＴＡからの卒業記念品は長く続けてきたので「上の子のときはあったのに、下の子にないのは」といった声もあり。こちらも卒業記念品そのものを否定しているのではなく、ＰＴＡからは支出しないと言っているわけで、例年行っている保護者有志による任意の卒業対策事業に、この記念品を盛り込めばいいだけの話なんですけれどね。

そこで今回の活動適正化と同時に行っていた「財務適正化」が功を奏しました。そもそも利潤追求団体でもなければ相互扶助団体でもないＰＴＡが、過剰に会費を募ることは不健全だと考えて、適正化した活動に足る最低限の会費設定をめざした見直し＝財務適正化をしていたんです。その結果、会費を半分以下に減額できました。これを原資に、どうぞ保護者有志で卒対にご活用ください、ということで会員の不満を抑えることができたわけです。

――**見事です。全部、解決ですか。**

いいえ、いまもモヤモヤが継続していることが2つあります。1つは、辞校式（離任式）で本校を去られる先生方に、子どもたちが渡す花束の費用について。花束は、子どもたちから先生に謝意を表するためのアイテムなので、児童活動をＰＴＡで支援するのは問題ないと判断して推しました。学校側に「それ（花束）はやっぱりほしいですね」と言われていたこともあり（笑）。でも案の定、一部の運営委員から「花束は個人還元にあたり、卒業記念品の廃止と矛盾する」という指摘があり、卒業記念品費廃止反対派との議論は紛糾しました。そこで、花束代は児童会による募金活動で賄う方向で協議していくことにして、PTAの予算項目からは外すことにしました。

――花束のような「お礼」的なものは扱いが難しいですね。保護者側からはやめづらいですし、かといって、保護者から費用を一律徴収するのもおかしい。

それからもう1つモヤモヤしているのは、教職員の入退会自由の保障です。保護者に対する論理をそのまま適用できるのか？　学校に協議を申し入れてはいますが、はっきりしたレスポンスがまだありません。今後は、教職員と保護者との変わらない協力体制を維持することを条件に、教職員を会員対象としない保護者会などへの移行も検討していきます。

互いが思いやり協力しあって活動するPTAに変身

――やりたい人がやる形に変えてから、どんな変化がありましたか？

PTA活動の雰囲気がとてもよくなりました。以前はポイント制で、活動しない人・できない人が高学年で矢面に立たされるシステムだったので、「活動の負担が減ったのに、5ポイントも与えるのは多すぎる」とか「サークル活動やPTA活動以外のものにもポイントをつけるべきでは？」などの議論が白熱しやすく、子どもたちのためでなく、「ポイントのためのＰＴＡ」になりかけていました（苦笑）。

それがポイント制をやめたことにより、活動する人数はとても少なくなってしまいましたが、自ら手を挙げてくれた前向きな人たちの集まりですから、何しろ活動の雰囲気がいい。互いが思いやり、協力しあって楽しく活動できているようです。

――ＰＴＡが保護者の関係を荒ませるより、断然いいですね。活動の中身はどうですか？

昨年度は人が集まらなかった広報委員会と推薦委員会を休止にしたんですが、今年度は広報が復活を遂げました。「広報って休止してますけど、やってもいいんですか？」と問い合わせがあり、「やりたい人がいたらスタートするシステムなので、どうぞどうぞ、手を挙げてください！」と言って。「やっぱり新学期の先生紹介号は出したいですよね」といった辺りからスタートして、今いろいろと一番動きが活発です。

――ＰＴＡの広報は、お金がかからないＷｅｂでもいいですよね。

うちは、普段からホームページとＬＩＮＥの公式アカウントで情報発信しています。印刷するほどじゃないけれど広報したい、という内容はホームページに載せたり、ＬＩＮＥで配信したりして。たとえば読み聞かせサークルさんが「今日は何年何組でこんな本を読みました」と絵本の画像とともにＬＩＮＥで配信すると、後で親御さんがお子さんと「今日はこんな本の読み聞かせをしてくれたんだって？」なんて会話ができます。コロナ禍でもPTAからの発信は一切滞りませんでしたし、むしろコロナ禍だからこその発想で、活発な1年でした。

――LINEの公式アカウントって、誰でもつくれるんですか？

はい、PTAなら無料の「未認証アカウント」というのでOKです。応答モードを「bot」にすると一方通行で配信できるし、「チャット」にすると個別のやりとりもできる。うちの場合、在籍保護者の個人情報をなるべくもたないようにするため、PTA内は「bot」モードで運用していますが、町会・自治会など地域の方向けのアカウントは「チャット」モードにして、情報収集にも使っています。

周年行事も根本から見直し、積立金もナシに

――周年行事の積立金もやめたそうですが、よくぞ。校長先生は嫌がりませんでしたか？

昨年度から迎えた新校長が、そこも賛同してくださったんです。前年度までに決めた新しいやり方全般について、「そういうPTAなんだ、いいんじゃない」という感じの方で。周年行事の積立金も「あったらありがたいけれど、なかったらないでどうするかは、そのときの校長先生の判断でよいと思う」と言ってくださって。

うちはもともと地域の方をもてなす祝賀会（宴会）のようなものはなく、式典の後に演

者を招いた舞台をお見せしていたようです。それと記念誌、航空写真、記念品といったところで、他校と比べるとお金はかかっていないほうだと思います。２０１８年度に行った周年行事では、プロの舞台ではなく子どもたちの合唱祭を余興とすることで、予算を抑えると同時に、お招きした地域の方々にも、とても喜んでいただけました。

――いいですね。周年行事は、手やお金をかけすぎているケースがとても多い印象です。

そもそも、周年行事の主催者は誰か。確認した結果、うちは「学校」でした。主催者である学校と、ＰＴＡがどのような関わり方をするかは、きちんと合意形成をはかったほうがいいと思います。

「周年行事は何のためにあるのか」というところも、もっと考えないといけないですよね。それはやはり、学校の歴史の節目をみんなでお祝いして、過去から現在、未来へと思いをはせる、というところだと思うんです。だとしたら、何十万というお金をかけなくても、できる範囲のことをやるべきだし、卒業生や招待状が来ていない地域の方を、周年行事から締め出すのもおかしいんじゃないかと思います。

本当は周年行事は、招待状をお送りする来賓だけでなく、どんな人が来ても一緒にお祝いできる場にするべきじゃないでしょうか。たとえば、創立以来50年の卒業アルバムを陳列して「どうぞ、皆さんどなたでも見に来てください」とかね。

――大賛成です。周年行事は準備の負担が大きくて、役員さんたちも先生たちも困ってい

ても、みんな表だってそれを口にしないところがあります（苦笑）。

たぶん、学校と保護者の忖度関係ですよね。周年行事に限りませんが、学校はＰＴＡがお金を用意してくれているから無下にできなくて、本当は「いらない」と思っていても「ありがとうございます」と言う。学校を忖度する保護者は「いや、学校はお金がないんだから、そこまで切っちゃダメだ」と言う。それではキリがありません。

だから私は、学校や教育委員会に直接「本当に学校は、ＰＴＡのお金がないと、それ買えないんですか？」と聞いてしまう。すると教育委員会は「いや、それは学校が言ってくれればお金は出すんですけれど、学校が言ってこないから出さないだけで……」とか言うんです（笑）。もちろん、限られた教育予算を市内の小中学校に割り振るわけですから、実際学校からは言いづらいでしょうし、これまでＰＴＡで出していた分を急に全部公費にするのは難しいのもわかるんですけれど。

「適法化」と「適正化」はパッケージで提示を

――ＰＴＡ改革について「こんなふうにすればよかったな」と思うことは、ありますか？

よく「時間をかけて少しずつ変えよう」という話を聞きます。私も「性急すぎる」といった批判を受けました（苦笑）。でも時間をかけるべきは、ＰＴＡが抱えている問題や課題を洗い出す作業と、その解決策を策定する作業でしょう。

実行に移す際は、スピーディーに進めるべく、「改革案をパッケージで提示」することをおすすめします。つまり「適法化」と「適正化」をセットでやるということ。大前提として、ＰＴＡは「適法化」しなきゃいけないですよね。法治国家ですから、法令にのっとった活動をしなければいけない。だから、入退会の自由を確保するため仕組みを整える必要がある。同時に「適正化」も必要です。自動入会をやめたら、意味ある魅力的な活動をしないと誰も入会しなくなっちゃうので、活動内容ややり方を見直していかなければならない。その両方を、パッケージで最初に出しちゃうのがいいと思うんです。

実際にやってみて思いますけれど、案を出したところで合意を得るまでに1年はかかりますし、動き出してからも微調整に1年はかかる。その間に、執行部のメンバーが入れ替わったりするので、そのときに揺り戻しが起きたり、論点がずれたりしないよう、最初に方向性を一括で打ち出しておくのがいいんじゃないかなと。

私の場合も、副会長になった年に「いっちょ変えたろう！」とともに尽力してくれたメンバーが、翌年ほとんど入れ替わってしまって。苦肉の策で、会長の私的諮問機関「改革推進事務局」という時限組織のメンバーとして、前年度までのメンバーに継続支援してもらうことにしました。これがなかったら、今の栗小ＰＴＡは存在しなかったです。

だから役員さんであれば、改革の芽が出た瞬間に、同じ方向性の仲間を集めるところに尽力することもだいじだと思います。そのときに全体像が見えているといい。「全部一気にやるのは難しいから、今年はフェイズ1までを一緒にやりませんか」っていうふうにお誘いできる。私はそれができなかったから、つまずいた部分がありました。

ちなみに、今のやり方を後世の役員に否定されるのは大歓迎です（笑）。前例踏襲にとらわれず、時代の要請、会員のニーズに応えていくべきだと思うからです。

P連は退会し、独自のネットワークで情報交換

――P連にも入っているんですか？

いえ、P連は抜けました。委員会活動をいまだに輪番で運営するやり方は、うちの活動方針に反するし、P連の存在意義と実態との乖離《かいり》を感じていたので。

そもそもP連って、教育委員会など行政側から「保護者の代表」として必要とされる場面が多いですよね。P連側も、その役割をしっかり果たそうとしがちですが、でも本当は違うんじゃないかなと。私たちは行政の使い勝手のよい存在であるためにP連にお金を払っているわけではないし、仮にその役割を本当に果たそうと思うなら、P連はもっと単P（個々のPTA）の意見をだいじにするべきでしょう。P連が単P同士の情報共有などの「つながり」に重きをおいて、それこそ適法で適切な運営をめざす単Pの力添えをできる

ような存在に生まれ変わることを期待して、退会することにしました。

ただし、他のＰＴＡや保護者同士が横のつながりをもつことには意義を感じているので、今は独自でネットワークをつくり、交流しています。

――Ｐ連を抜けると言うと妨害や引き止めにあうケースが多いですが、それはなかった？

松戸市では既に他校ＰＴＡの退会実績があったので、退会届は整備されていました。ただ、ＰＴＡ会長の印だけでなく、なぜか校長印を押す欄もあって「抜けるのは学校でなく、栗小ＰＴＡなのにね」と、校長先生も釈然としない様子でした（苦笑）。それから、退会を決議した総会資料の添付も求められましたが、うちはうちの規約にのっとって、総会ではなく運営委員会で話し合って決めました。

――そもそもＰ連に入ることについても、毎年みんなで決議しているＰＴＡは滅多にないですよね。ＰＴＡ改革を、役員経験者やＯＢやＯＧに止められることはなかったですか？

ＯＢ・ＯＧや地域の方がＰＴＡの運営に口を出してくることはないですね。こちらから地域活動に動員されるようなことも、今はないです。私たちはＰＴＡ会員であるとともに、地域住民でもあるので、学校と地域のつながりの中にＰＴＡが存在できたらと思っています。

市内ではまだ実績が少ないですが、学校支援地域本部か、それに似た活動主体を町会や自治会（以下、町会）側で立ち上げたいですね、という働きかけをしているところです。

学校は校長先生が、ＰＴＡは役員が、短いスパンで交代しますよね。そのたびに地域との協働方針が変化するかもしれないなか、子どもたちを見守る拠点を地域に持つことは有益だと思うので。

今はその前段階として、地域の方向けの公式ＬＩＮＥアカウントをつくり、ご登録いただいた方に配信しています。ここにＰＴＡの情報を流して、逆に地域の方から情報をいただいたら、ＰＴＡ会員用のアカウントで流すんです。たとえば、ある町会から「そうめん流しをするんだけど、別の町会の子でもどんどん来てほしい」という情報をいただいたら、ＰＴＡ会員用のアカウントで「今度の週末は、どこそこのそうめん流しへゴー！」と流す。子どもは町会の区分ではなく、学区で生きていますから、このように町会イベントを開放していただくことで、子どもたちが参加しやすくなると思います。そしてその先、高齢化に悩む町会の世代交代が円滑に進むことにも期待をして。

２０１９年に千葉県では台風の豪雨災害がありましたが、市役所のホームページが機能不全になるなか、避難所の状況などの安全情報を地域の方が途切れずに提供してくださったおかげで、ＰＴＡ会員用のアカウントで配信できました。あのときは、地域の方が校門前の倒木を見つけ、撤去作業までしてくださって。そのおかげで子どもたちは安全に登校できたわけです。私たちＰＴＡも学校も、この地域に生きている人たちとともに子育てしていることを肝に銘じなければならないと思っています。

コラム 10年に1度のビッグイベント「周年行事」

公立の小中学校では、10年に1度「周年行事」と呼ばれるイベントをよく行います。昔から多いのは、児童生徒や来賓に配る記念誌や記念品を用意し、10～11月の週末に式典&祝賀会（飲食）を行う形です。祝賀会に参加するのは、校区の自治会長、PTA会長のOB・OG、近隣校の校長やPTA会長、役員さんなどの「来賓」のみ。一般の保護者や教職員、地域の人は招かれません。

この会の準備を担うのが、PTAの本部役員さんたちと先生たちです。記念誌や式典の準備は、主に学校側（教頭先生や担当の先生）が担い、記念品や祝賀会など他の部分は、主にPTA役員さんたちが担うことが多いようです。

費用を出すのもPTAです。周年行事のため、予算から毎年10万円ほど積み立てるPTAが多いのですが、このことも一般会員にはあまり知られていません。

本部役員さんたちも、先生たちも、周年行事を負担に感じながらも、「たった10年に1度」ということで、なんとか継続してしまうようです。最近はようやく、記念誌の作成や祝賀会をやめるなど、内容の見直しを始めるPTAや学校も増えつつあります。

Case 2

従来の活動をやめ、PTAを「保護者と学校の意見交換の場」に変革

[今関明子さんインタビュー](2020年12月取材)

今関明子さんは、神戸市立本多聞中学校のPTA会長として改革に取り組んだことで知られていますが(『PTAのトリセツ』今関明子・福本靖著 世論社)、実はその前、同市立本多聞小学校でも、思い切ったPTAの見直しを行っていました。クジ引きをやめて全員立候補にする、広報紙や研修をやめる――加入や活動参加を自由にする改革と比べると地味な印象ですが、十数年前当時としては、かなり大胆な取り組みでした。「うちはPTA改革なんて、まだ言い出せる雰囲気じゃない」という方も、ぜひご参考に。

委員がすべて立候補で決まるように活動を減らした

――小学校のPTAで、活動の見直しを始めたきっかけは?

下の子たちが小学校に入ったとき、初めてなったのが広報委員でした。でもやってみると「おかしいな」と。「顔が出たらいけない子がいるから、写真をぼかさないといけない」

とか、つくってからの無駄な作業が多いし、そのわりにあまり読まれてもいませんでした。委員長は子どもが学校を休んでいても業者に原稿を届けにいかなければならない。あまりにも融通が利かない仕事が多いのを見ていて、もうやめちゃえばいいのに、と思ったんです。

翌年度は副会長になりました。「2年やらないとPTAのノルマは終わらないよ」と言われていて、副会長は広報委員長よりラクだと思ったんです。それで終わろうと思ったら「子どもが3人いるから、まだ足りない」と言われて、友達に「一緒にやって。もう広報紙とか話し合ってやめちゃえばいいやん」と言って、みんなで本部になりました。

——「大変だから他の人にやらせよう」でなく「大変だから、みんなでラクになろう」という発想は、いいですね。で、広報紙をやめることに？

そうです。全保護者にアンケートもとって、やめることにしました。校長先生や先生たちも「個人情報やプライバシーの問題もあるから、あんまり行事の写真は載せてほしくないけれど、役員さんたちが張り切ってつくってくれてるのにそんな失礼なこと言い出せない」という感じでした。それを聞いたときは、現実とのギャップに驚きました。

——保護者に遠慮して言いませんが、PTAの広報紙は特につくらなくていい、と思っている先生が実は多いですよね。あとは研修もやめたそうですね。

3年目、私が会長になってしまった頃、「身内（役員）ばっかりの研修、もういいよね」

と、毎年春にやっていた研修をやめました。「誰か何か言ってきたら冬にやろう」と言っていましたが、結局誰もやめたことに気付かなかった。

——**さらに、役員決めのクジ引きもなくしたと。**

会長1年目は本部役員のクジ引きをやめたいために、知り合いで定数を埋めました。2年目はクラス役員もクジ引きをやめて、全員立候補で埋まるようにしました。クジで決まった人は結局、会議には出てこないから、やる人は「確実に一緒にやれる自分の友達を誘ったほうがいい」と思っていたので、これもみんな賛成してくれて。

——**「必ず何人」という枠を変えずに立候補で埋めるのは、大変だったのでは？**

そうでもなかったんです。あの頃はみんな「6年間のうち絶対どこかでやらないといけない」と思っていたので。ただ、立候補で埋まるようにするため、みんなが避けたがる活動は徹底的になくしました。そのために広報紙や研修、炊き出しもやめて。

「クジ引きをやめること」を最優先に考えた

——**PTAで、炊き出しを!? そういう活動は初めて聞きました。**

神戸では毎年、阪神・淡路大震災があった1月17日は炊き出しをして当時をしのぼう、という行事が、ほとんどの学校にあるんです。うちの学校でもPTAと地域が一緒にやっていましたが、「インフルエンザやノロウイルスが流行る時期で、当日『子どもが学校休んだから』と欠席する役員さんが多いと、ちょっと負担が大きい」とアンケートに書いてあったのをそのまま地域団体に伝え、それでやめることになりました。

――神戸のＰＴＡは、震災の影響も受けてきたんですね。

そうなんです。だから、炊き出しやめることには、やっぱりみんなすごく抵抗はありました。「お世話になったのに」という声もあり、申し訳なさはありました。

――もちろん震災は忘れてはいけないですが、だからって保護者に活動を強制していいことにはなりませんよね。よくぞ、保護者を守り抜きましたね。

「保護者の中にできる人がおらへんのにやるなんて、みんな困るでしょう」と、本気で思っていたから。「立候補がいなくなったらクジになるんです」と真顔で訴えていたから、地域の人も「なんかもう通じひん、小学校のＰＴＡは」という感じです。校長先生に苦言を呈した地域の人もいらしたんですけど、校長も「すいません、言うておきます」みたいな感じ。私たちに「地域に気に入られるようにしろ」とは言わず、地域の人にはことあるごとに「母親の生活スタイルが変わってきたから」と説明してくださっていたそうです。

――それにしても、よくぞ。地域の年配の方から強く言われたら抗えず、末端の母親たちに強制を続けるＰＴＡや校長がほとんどでは。つい「いい顔」をしたくなりますし。

怖いもの知らずやったんやと思います。嫌味ではなく「地域の先輩方もＰＴＡ会長をしておられたし、言ったらわかってくれる」と本気で思っていたから。「伝える立場にある私が言わなきゃ、みんなが困るねんから」という、それだけでした。

それに、私は地域で好かれて後で何か役職がほしいとか、議員になりたいとか、何もなかったから。自分の世代からだけ信用されていたら、あとはもう関係ない、ぐらいに思っていた。いま思うと視野が狭かったというか、しがらみが見えていなかったとも思います。ただ漠然と、「この仕組みは常に保護者間のトラブルを生むので、変えたほうがいい」という、自分の中での大義みたいなものがあったから、悩むたび、そこに立ち返りました。

――**「クジ引きをなくしたい」と、腹の底から思っていたんですね。何かきっかけが？**

私はあの「クジ引きで誰が当たった」とか「この理由は却下」とか「病気の診断書を提出」とか、山ほど見てきたので。

子どもが生まれる前に、カウンセラーの勉強をしていて、研修の一環でひきこもりの人や不登校の親の会に参加させていただいていたんです。だから、人と付き合うのが苦手で苦しんでいる人がいるのは、すごくわかっていて。PTAって、みんなの前でぺらぺらしゃべるのが苦にならない人には楽しい場でも、そんな人ばっかりじゃないねんよと。前に出るのが嫌いな人に「親なんだから」と嫌な思いをさせて、劣等感をもたせるようなことをしたら、その人の子どもも親の愚痴を聞かされて、申し訳なく思うかもしれない。そういうことをしたらいけない、とどこかで思っていました。

クジ引きで、明らかに人付き合いの苦手そうな人が、「大丈夫。みんなやってきたし、できるから」と周りから軽く言われたり、「実はうちには障害のある兄がいて、私も時間が自由にならないので」とか言わされたり。免除の理由を順番に言って、「今ので免除してあげると思う人は目をつぶって手を挙げてください」「いまのは却下です」とかいう、えげつない光景を見てきて、「いいの？　こんなことをして」という嫌悪感がありました。

PTAを「保護者と学校の話し合いの場」に

——中学校のPTAでやった「保護者と学校の話し合いの場」のことが『PTAのトリセツ』に書かれていましたが、小学校でも同じようなことをしていたそうですね？

そうなんです。運営委員会に出てくる役員さんたちが、いつも黙って話を聞くだけで帰るのが申し訳なくて、「一言ずつ、校長先生に聞きたいことがあったら言ってください」と言ったのが最初です。初めはみんな恥ずかしがって黙っていたので、次の回は「紙に聞きたいことを書いて出してください」と言ったら、みんなすごくいろんなことを書いたんです。それを私が読んで、校長先生が横で答える、という形が自然に生まれました。

そもそものきっかけは、校長先生との雑談でした。校長先生が「せっかく予定を空けて来てもらって、毎回帰るまで一言もしゃべっていない人が多くて申し訳ない」とおっしゃった。私が「みんな心の中ではいろんなこと思っているんですよ」と言ったら、「それが聞きたいわ」みたいな感じで始まりました。

そのうちみんな慣れてきて、3年目からは紙でなく、直接校長先生に言うようになりました。「運動会であんなに早くから場所取りに並ぶのは非常識すぎないか」とか「トイレが臭くて子どもが我慢して帰ってくるから大変」「1組と2組の宿題の差が大きすぎる」「終業式の日に絵の具セットと鍵盤ハーモニカ両方の持ち帰りは重い」とか、そういうことがいっぱい出てきて、校長先生も「そうやな」と考えてくれる。

――**校長先生がちゃんとそれに回答してくれる、というのがポイントですね。**

そうです。校長先生が「へ〜、お母さんお父さん、そんなことを思うのか」と聞き流さず、自分には答える責任がある、と答えてくださる。また、司会役の保護者は「先生、今後どうします？」と遠慮せずにコメントを求めることも、意識的にやっていました。

――**だいじですね。ただ、運営委員会は参加できる人が限られてしまうのが残念です。**

誰でも参加できるようにしたのは、中学のPTAです。当時の福本靖校長先生が、誰でも参加できる運営委員会を提案してくれました。小学校のPTA経験者は「小学校のときのアレやな」と早合点したんですけれど、校長先生はもっと大きなスケールで、保護者の声を取り込んで「保護者といっしょに学校運営をやっていきたい」と思っていたそうです。

それで次の年からは「運営委員だけでなく、PTAで委員になった人は誰でも運営委員会に参加できる」という形になりました。そうしたら毎回50人くらい参加してくれました（※会員世帯数は約３５０）。３年目は「保護者は誰でも参加ＯＫ」にしましたが、声をかけても警戒されてしまったのか人が来なかった。今、校長先生は現任の中学校で、誰でも参加できる形で運営委員会をやっているそうです。

――私も「保護者と学校の話し合いの場」は、会員に限らず誰でも参加できる形が必要だと思います。その運営委員会では、どんな話が出たんですか？

最初は「学校指定のスクールセーターを制服扱いにして登下校させてもらえませんか」とか「黒タイツを認めてほしい」といった、これまで言う機会のなかった要望が出ていましたが、そのうち「修学旅行の行き先はどのように決めるのですか」「部活や生徒会をやると内申点が上がるというのは本当ですか」など、何でも聞けるようになりました。

質問するときは、学年や名前は言わないことにしました。やっぱり自分の名前を出したら、子どもが嫌われたら困ると思って、質問が出づらくなるので。それでも自分の質問と思われるのが不安で「友達から頼まれたんですけど」と、みんな言うんですけれど（笑）。

――本音を出せるのはだいじですね（笑）。保護者の反応はどうでしたか？

やっぱり校長先生から直接話を聞いたら学校の方針がよくわかるし、保護者同士も顔見知りになって連絡もとりやすくなるから好評で、参加した人は３年間、卒業までＰＴＡ委員をやってくれました。運営委員会以外に、役員の活動がなかったことも大きいです。

どこまでも丁寧に対話を重ねる

——PTAの見直しや改革を進めるときに、気を付けていたことはありますか？

正しいと思うことを言うときは低姿勢で、というのは意識しました。人にもよりますが、正しいことをバーンと言ったら、なぜかたぶん恨まれる。だから相手の口からその言葉を言ってもらうぐらいまで、辛抱強く対話を重ねる。納得してもらわないと、正しいことを言っていてもあとで反発が出るし、そうなれば「見直しの活動に加わろうかな」と迷ってる人たちも、ついてきてくれなくなって、挙句に1人で頑張っても失敗してしまうので。

共感してくれる仲間は必要です。だから、家ではちょっとため息ついても、やっぱり丁寧に。うっかり「いまはこんな時代なんです！」と言ってしまうと、共感は得られない。

——相手や状況によって、どんなアプローチがよいか、見極めが必要ですね。

そう。結局は活動が見直せて、お母さん方の負担が減り、泣く人がいなくなれば良いので。最後の目標を1つに決めたら、もうそこだけを思ってブレずにいく。

——その後、保護者と学校が話し合う場は、近隣の他校PTAでも出てきましたか？

あまり広まっていないかと思っていましたが、神戸のなかでも取り入れる学校が増えてきました。最初は「保護者の声を逐一聞いて運営に反映させるなんて大変」とか「学校の代表として矢面に立って、その場で保護者の意見に何か答えを出すなんてコワい」とか、「あれはあの校長だからできたんだ」とか、学校側の拒否反応も感じましたが。

そういう反応を見てきて、私はやっぱり保護者の横のつながりは、負担にならないんやったら、あったらいいと思うんです。今後CS（P154参照）が定着しても、保護者の横のつながりがなければ、そのうち学校は保護者と定期的に話し合うことを忘れてしまうかもしれない。話し合いの場を保っていくためには、保護者側もつながっていたほうがいい。

先生たちも「そんな保護者の声が少なからずあるなら、のってみようか」みたいなところはあるでしょう。それに保護者も、自分で学校に言う人もいるけれど、みんな忙しいから、わざわざ電話したり手紙を書いたりしてまで言わない人も多いですし。

――**そう思います。学校に意見ってなかなか言いづらいですが、「他の保護者も同じように思っているんだったら、やっぱり言ってみよう」と思うことは、私もありました。**

そうなんですよね。私も上の娘が中学で「タイツをはけるようにしてほしい」と言っていたときは、「あんた、1人でわがまま言って」と思っていましたが、実はみんな思っていたみたいで、最近タイツをはけるようになりました。親が「うちだけのわがまま」と思って我慢していることも、他の人と話すと「みんなも思っているんやったら学校に言ってみよう」と思うし、学校も「そんな要望があるなら、そうしようか」となることがある。

だから、保護者と学校の話し合いの場があることもだいじなんですけれど、同時に、「保護者同士が、他の保護者の考えを知る機会がある」ということも、とてもだいじなことだと思っています。

コラム ときに難しい地域との関わり

地域とPTAの関係は、各学校や地域によって甚だしく異なります。PTA会長がときどき校区の集まりに顔を出していれば十分、という程度のところもあれば、PTAが完全に地域団体の1つとしてカウントされ、自治会などと共に、さまざまな地域活動への参加を義務的に求められることもあります。

後者のような場合、PTA改革・適正化の難易度は上がります。地域と合同のイベントは「絶対参加」を求められ、「手挙げ方式」など認めてもらえないからです。たとえば、ある中学校のPTAは、活動をすべて手挙げ方式にしたかったものの、地域と合同のイベントだけは手を付けられず、その部分のみ変えるタイミングを待っているといいます。

ただし、Case2の今関さんのように、粘り強く話をすることで、PTAが抜けることを認めてもらえることもあるのです。「今の保護者世代は昔と比べかなり忙しく、厳しい状況にある」ということを伝え続ければ、わかってもらえるかもしれません。最初からあきらめず、率直に話をしてみることもだいじでしょう。

Case 3

コロナ禍の1年で一気に改革を決行

[鈴木弥奈子さんインタビュー]（2021年4月取材）

どんどんいきます。ここから紹介する3ケースはどれも、比較的短期間で入会や活動の強制をやめ、会員の意思にもとづく運営を実現した事例です。

「できない理由」を言う役員決めの雰囲気が年々悪化

まずは、神奈川県の市立小学校PTA会長、鈴木弥奈子さんの話から。弥奈子さんは2020年春、3子が通う池子小学校（以下、池小）のPTA会長になったのと同時に、改革に着手しました。前年度から推薦を受けており、周囲もみんな弥奈子さんが会長をやることを知っていたため、役員はなんと全員立候補で出てくれたそう。

弥奈子さんはそれまで毎年何かの委員をやっていましたが、みんなが「できない理由」を言い合う本部役員決めには、以前から違和感を抱いていました。初めて小学校のＰＴＡに関わったのは10年以上前ですが、それからだんだんと役員決めの雰囲気が悪くなっていることを感じていたといいます。

「普段にこやかで、すごく素敵なお母さんが、やつれた顔で役員選出の会場に現れて『推薦状に私の名前を書いたのは誰なの!?』と言ってきたりする。そういうのを見て、ここまでしんどい思いをしてやらなきゃいけないものなのかな、という気持ちがあって。私も初めて役員選出委員をやったときは『そうしなければいけない』と思って、欠席した方に役を押し付けてしまったことがあるんですが、今では非常に反省しています」

当初、弥奈子さんは組織全体を変えることまでは考えていなかったそうですが、会長の引継ぎを受けた際、その仕事量と内容に衝撃を受け「これは絶対、無理だ」と感じます。「自分はこれをやれないし、次の人に『やってね』と言うこともできない」と思ったのです。役員の仲間たちも、みんなそれぞれ家の事情や仕事があったため、無理はさせられません。「それならもう、変えてしまおう」と決意したのでした。

そこで追い風となったのが、コロナでした。例年行われる学校行事やＰＴＡ活動がすべて中止になり、職場でもちょうど、テレワークや休暇取得を勧められ、ある程度時間をつくれる状況ができたのです。「変えるなら、今しかない」と弥奈子さんは腹を括ります。

ＰＴＡという名称も変えて新しい組織に

「ＰＴＡを変えるにあたっては、まず憲法や法律、個人情報の取扱いのことなどを、お勉強しました。そして臨時休校が明けた6月の後半、可能な委員さんたちみんなに体育館に集まってもらって、『ＰＴＡは任意なので、こういうふうに変えていきたい』ということを説明して。仕組みのたたき台をつくり、その資料も配布しました」

この頃、本部役員メンバーの間では、さまざまな相談のため「朝も昼も晩もずっとＬＩＮＥの通知が止まらない」状態だったそう。「疲れちゃったメンバーもいたかもしれない、申し訳ない」と弥奈子さんは振り返ります。

会則を見直す際には、引継ぎ資料にあった他校のＰＴＡの会則を参考にしつつ、ネットでも情報を集め、「いいところを寄せ集めて」新しいものを作成しました。Ｇｏｏｇｌｅドライブで情報を共有し、最終的な文案は会計さんが取りまとめてくれたということです。

書記さんはこのとき、あっという間にホームページをつくってくれました。ホームページは「情報がそこにとどまり続ける」点で効果的ですし、情報発信もしやすくなりました。作成にあたっては、副会長さんがたくさんアイデアを出してくれたということです。

そして年度末の総会では、入会届の導入や、個人情報の取扱いを含めた会則変更、会の名称変更、Ｐ連を抜けること、会費の減額などを決定。２０２１年度からは無事、新体制でスタートすることになったのでした。

会の新しい名称は「池小キッズサポーター」、略称「池サポ」。地域も親も先生も、池小のキッズ（児童）を応援し助ける団体だということが、ぱっと伝わる名前です。学校の働き方改革も念頭において、先生たちの負担軽減も考えていくということです。

校長の協力は不可欠だった

多くのＰＴＡと同様、弥奈子さんのＰＴＡも、ただスムーズに改革を進められたわけではありません。いろんな局面がありました。

まず悩んだのは、引継ぎの際に「最初の1年間はとにかく例年通りにやるように」などの指示を受けたことでした。そのときは「なぜ」と思ったものの、弥奈子さんは今になって、前任者の気持ちがちょっとわかるようになったといいます。

「たぶん前任の方も『変えたい』と思っていたのかもしれません。その方も、いろいろ変えてくださっていたので。委員さんの人数を減らせるように会則を変えたり、活動内容をやりやすいものにしたり。でもたぶん、それ以上変えるのは大変だったんでしょう。なのに、私が何もしないうちから『変える、変える』と言うので、もどかしかったのかもしれないなって、今になると思います」

もう1つ想定外だったのは、P連脱退について、先生のなかから反対の声があったこと。これは筆者も意外でした。大体どこでも、一般の教職員はP連には関わりがないことが多いからです。ただし弥奈子さんは「関心をもってもらえたのはいいこと」と前向きです。

他校のPTA会長さんたちから悪く言われるようなことも、ありませんでした。「池小さんは人数も少ないし、とわかってくれて。『同じ小さい自治体なので、これからも情報交換や連携をしていきましょう、いつでも戻ってきてください』とみなさん言ってくれました。ありがたいなって改めて思います」

校長先生も心強い味方になってくれました。赴任してきたばかりの先生でしたが、前任校のPTAが任意入会の方向に進んでいたこともあり、弥奈子さんたちが相談にいったときも前向きに励ましてくれたそう。その後も、校長のアドバイスに救われたことは多く、役員一同「今の校長先生でなければ改革はうまくいかなかった」と感じているとのこと。

いざやり方を変えてから気付くことも、いろいろとありました。入会届をつくったものの、きょうだいを記入する欄を入れ忘れ、世帯ごとに配るお手紙だということが先生たちに伝わらず、混乱したことも。このときは副会長さんが「やっぱり先生たちの協力もないと、うまくいかないよね」と気付き、先生たちに説明しに行ってくれたということです。

「今までは委員さんを強制的に『何人出さないといけない』という形だったけれど、これからは『誰も出なかったら、ゼロでいいです』ということなど、副会長さんが先生がたに説明してきてくれました。その話をするときは、校長先生も同席して、先生たちからの質問に一緒に答えてくれたそうで、ありがたかったです」

なお今後は、地域とともに活動していくこともめざしているといいます。

「昨年度末、『卒業式の日に校庭で花火を上げたい』という相談を、保護者の方から受けたんです。昨年度はコロナでいろんな行事が中止になってしまったので、逗子市の子どもたちを元気づけてあげたい、ということで。うちの小学校は高台にあって、校庭もすごく広いので、確かにちょうどいいんです。

でもこれを実現するためには、近隣住民の理解が必要です。だから住民自治協議会の会長さんと相談したり、地域の消防団や警察の方たちと協力したりして、ようやく校長先生も『いいですよ』と言ってくれて。ついに花火を上げられたとき『ああ、地域と一緒に何かをするって、こういうことなのかな』と実感できて、いい思い出になりました」

限られた時間で動くからこそ早かった

弥奈子さんの取材には、副会長さんの1人と、書記さんが同席してくれていました。弥奈子さんから一通りお話を聞かせてもらったあと、筆者が「おそらく役員のみなさんは、突っ走る弥奈子さんを……？」と言いかけたところで、３人は既に爆笑。聞くと予想通り、弥奈子さんが「アクセル」で、他の役員さんたちが調整役を担っていたようです。

「私たちはブレーキじゃなくて、ギア。止めるんじゃなくて速度調整です（笑）。何をするにも、役員のなかでクルクルまわっていく感じです。いろいろアイデアを出し合って、それをできる人がやっていくから、すごくスピード感もある。だから校長先生も、とてもびっくりされていました。みんな仕事をしていて、限られた時間で動くからこそ早くできる、というのもあるかもしれません」（書記さん）

「私は自分の親が教員で、学校ですごく苦労しているのも見ていたので、先生が元気じゃないと子どもたちにもよくないし、保護者は学校と対立するのでなく、応援できる立場じゃないといけないんじゃないか、という疑問もずっともっていました。だから『キッズサポーター』なんですけれど、先生や学校が置いてけぼりにならないようなことを、私はやりたいなと思っています」（副会長さん）

最後に、今後のことを、弥奈子さんに聞いてみました。

「心配なのは、強制ナシで後任の会長や役員が出てくるかな、というところです。たぶん任意にしたＰＴＡは、みんなそういう心配はあると思うんですけれど。でも、本当に負担感なく、『こんなに役に立つことができるよ』という活動をしていけば、理解は得られていくのかなと思っています。学校や子どもたちのために何かしたいと思っている保護者も、たくさんいると思うので」

新しい形で動き出したばかりの池小キッズサポーター。とりあえず今年度は、弥奈子さんも、役員のみなさんも、ちょっとのんびりできますように。

Case 4
新体制にしたら、活動希望者が2倍に
［藍さんインタビュー］（2020年12月取材）

次に紹介するのは、東京都の区立中学校PTAで会長をしてきた藍さん（仮名）の話です。藍さんは2019年、3子が通う中学のPTAで、先に本部役員になっていた親友から誘われて本部入りすると同時に、会長になりました。前会長は、藍さんに次期会長になってもらおうと考えて、前年度から彼女の親友を本部に誘っていたのだそうです。

やらなきゃいけない活動は「総会」だけ

藍さんがPTAの本部役員になったのは、末子が幼稚園のとき以来7年ぶりでしたが、その間も毎年、小中学校のPTAで委員長をいくつも掛け持ちしていたそう。

子どもたちと関わるのが大好きで、PTA活動を心底楽しんできた藍さんですが、やはり役員決めには疑問を抱いてきたといいます。転入してきたばかりの人が役を押し付けられたり、役を引き受けたものの出てこない人が非難されたり。「子どものために」と言いながら役を押し付けあう状況に、「何かがおかしい」と感じていたのです。

会長になったとき、藍さんの違和感はいよいよふくらんでいました。きっかけは、ツイッターでPTAの問題点にふれるようになったことです。他の人たちとやりとりをするなかで、これまで抱いてきた違和感が「あれはやっぱり、おかしかったんだ」という確信に変わり、どんどんつながっていったのです。PTAの加入をめぐって裁判が起きたことも知り、そこから「火が付いて、走り出す」ことになったのでした。

他の役員さんたちには「今のPTAのやり方、ヤバいらしいよ」と伝え、理由を丁寧に説明しました。「これを変えたら、みんなイヤな思いをしないよね。外との折衝は私がやるから、ちょっと手伝ってくれない？　みんなでラクになろう」と話したところ、みんなも賛成。1人でできることではないので、「役員さんたちみんなに、関わってもらいながら変えていこう」と藍さんは考えたのです。

このとき藍さんの助けとなったのが、都内で行われた「PTAフォーラム」（朝日新聞と東京新聞の共催イベント、2019年5月）でした。後半のグループセッションでは、PTA改革に取り組む会長や役員さん、PTAを変えられず非会員に転じた人などが入り交じり、濃厚な情報交換をできたといいます。

「ここで得た情報量があまりに多すぎて、最初は何をどこから手を付けたらいいか、全くわからない状態でした。とりあえず見聞きしたことを全部ノートに書きだして、問題点を洗い出し、法的根拠を調べてまとめたり、何をどこに働きかけたらいいか仕分けたりして。その整理が大変で、1か月くらいかかりました」

その後、情報を役員さんたちと共有し、みんなで会則の見直しに着手します。そして翌6月のPTA総会で、入退会届の整備から会則の改正まで済ませ、さらに年度末の総会では、委員会活動をエントリー制（手挙げ方式）に変更。加えて、個人情報の取扱規則も整備したのでした。

2020年度春、藍さんの中学校のPTAは、新しい形で動き始めました。藍さんは「総会以外に『やらなきゃいけないこと』は1つもない」とみんなに説明。やる人がいなければ活動はお休みにすること、「長」も選ばなくてよく、活動報告はLINEで十分だと伝えたところ、活動希望者がなんと前年度の委員の倍以上にも増えたということです。

活動休止を危ぶむ人には「じゃ、やってくれます？」

なぜ、改革がうまく進んだのか。ポイントはいくつもあるようです。

たとえば、藍さんはもともと政治に関心があり、地元の議員さんや教育委員会の人たちとつながりをもっていたこと。「いろんなルートから話をできたのは、ちょっと特殊だったかもしれません」と話します。

前年度までの役員さんたちが、これまで続けてきたイベントや記念品を減らすなど、見直しを進めてくれていたことも後押しになりました。

さらに、現・役員のなかに親友がいて、藍さんを強力にサポートしてくれた点も見逃せません。友人はPTA改革までは予想していなかったようですが、藍さんが動き始めると、伝手を使って人を紹介したりしてくれました。

校長も、よくわかってくれていました。入会届をつくることを相談すると、校長はすぐ「非会員家庭のお子さんの扱いはどうなりますか」と聞いてくれたそう。藍さんが「誰が非会員か私たち保護者役員にはわからない。差別するなどありえないし、意味がわからない」と答えたところ、校長はほっとした様子だったため、藍さんも安心したのでした。

近隣校のPTAも、障壁にはなりませんでした。先行して見直しを進めたPTAや、これから改革を考えるPTAもいくつかありましたし、他校の会長も個性的な人が多く、同調圧力はあまりなかったようです。

地域も、もともとPTAにあまり口出ししなかったため、問題になりませんでした。藍さんはOB・OG会で挨拶した際、「これまでの諸先輩方のおかげで、すごく活動がすっきりしていてやりやすかったです。ありがとうございます！」と真っ先に感謝の意を伝えたこともあり、改革を非難されるようなこともなかったのでした。

さらに聞くと、藍さんの普段の行動も大きかったようです。藍さんは幼稚園や小学校のPTAでも、会長や委員長としてさまざまな活動を〝断捨離〟してきたのですが、その際はいつも「人の3倍動く」と決めていたといいます。「みんながやらないことは、まず自分がやる」というスタンスで行動してきたため「誰も何も言えなかったのでは」とのこと。これはちょっと誰にでもまねできることではないですが、なるほどと思わされます。

反対意見が一切出なかったわけではありません。たとえば、非会員家庭の子どもにプレゼントをあげる際は「実費をもらうべきだ」と言ってきた人も。「誰が非会員なのかPTAは把握できない」という説明を理解できない人もいたそうですが、なかには藍さんの話に納得して、その後、本部役員になってくれた人もいるということです。

活動をエントリー制にした際は、「広報委員が出なかったときは活動休止と言いましたけれど、そんなのいいんですか?」という声があったそうですが、「じゃ、やってくれます?」と藍さんが尋ねたところ、それ以上は何も言ってこなかったとのこと。

なお藍さんは、もし広報委員が出なかった場合も、なんらかの形で広報のお便りは出すつもりでした。でも結局友人が「広報をやる」と申し出てくれたため、活動は継続することに。印刷所に頼むのをやめ、ワード原稿をネット印刷する方法に変えたところ、以前は15万円かかっていた印刷・紙代が、たった4000円で済んだということです。

会則と決算書をよく読んで

　これからPTAを見直したいと考える人には、「会則と決算書をよく読んでおくこと」をおすすめしたいと藍さんは言います。特に決算書は重要で、「人さまのお金を預かって運営している以上、最低限そこだけは押さえておく必要がある」とのこと。藍さんも会長になってすぐ、決算書をくまなくチェックし、各家庭が何にいくら分ずつ払っているかを割り出して円グラフを作成。総会の場で、詳細資料を配布したということです。

　この春、末子が中学校を卒業したため、PTA会長を退いた藍さん。子どもたちのそばにいられなくなることが残念、と話します。

「私は子どもたちと関わっていたいんです。小学校のPTAで委員長をいくつもやっていたのも、何かしら理由をつけて学校にいられるから。いつも廊下を歩いているから、子どもたちには『先生』と間違われるんだけれど、そのうち信用されて、子どもたちは他の人に話せない話をいっぱいしてくれる。

　先生たちには『教員免許取って、こっち側においで』と言われるけれど、先生になったらできないこともある。だから教員免許は取らないって言ってます」

　この先も藍さんは、ボランティアやCS委員として子どもたちに関わっていきたい、ということでした。

Case 5

改革の本丸は寄付行為の廃止

［福嶋尚子さんインタビュー］（2021年4月取材）

次は、千葉県の公立中学校のPTAで本部役員（会計・副会長）をしてきた福嶋尚子さんのお話です。千葉工業大学で教鞭を執る福嶋さんの専門は「教育行政学」。教育に関わる法制度を扱う分野です。

「私が入るからには、言いますよ」

福嶋さんは小学校のPTAでも会計をやっていましたが、このとき「やり残したこと」がありました。1つは、PTAから学校にお金を渡すのをやめること。学校とは何度もやりとりしましたが、残念ながら変えられず。唯一、PTA会費「免除」のため、同じ保護者である本部役員に就学援助家庭の情報が渡ってしまう仕組みだけは、なんとか解消できたということです。

2019年度からは、小学校のPTAでの経験を見込まれ、中学のPTAで会計をやることに。当時は入会届もなく、「各クラスから委員を何人出す」という従来型のPTAでしたが、会長をはじめ役員さんたちは「いろいろ情報を仕入れてくるタイプ」の人が多かったため、変わるための下地は既にできていたのでしょう。福嶋さんは「私が入るからには『そのやり方は法に触れますよ』とか、そういうことは言いますよ。入会届はつくらないとダメですよね」などと、役員になったときから言っていたということです。

しかし、最初の年度はちょうど周年行事に当たっていたため、11月までは役員全員、準備にかかりきりでした。福嶋さんも「みんな余裕がないだろうから、今年度は何か変えるのは無理そうだな」と思っていたのですが、会長はタフでした。周年行事が終わった次の集まりで「じゃあ入会届つくらなきゃって言ってたの、やろうか」と言ってくれたそう。「本当に決断力のある会長です。そこから、すごい勢いで改革が始まりました」

アンケートを改革案に反映し、周知を徹底

入会届を導入するなら「入りたいと思ってもらえるPTA」にしたい。そんな思いも、役員の間で共有されていました。従来のやり方のまま入退会自由を告知すれば、加入率が大幅に下がる可能性があるからです。そこで組織の見直しやエントリー制の導入も併せて検討しつつ、さらに「特別会計」(イベントの収益を貯めたもの)も額がふくらんでいた

ため、この処理方法についても話し合ったのでした。

案がまとまったのは、たった1か月後の12月でした。翌1月には、学級代表の人たちが集まる会議で役員案を説明し、同時並行で会員にアンケートを実施。「どう変わってしまうのか」「今のままがいいのでは」といった不安の声もありましたが、根気強く説明を繰り返し、アンケートもさらに2回行ったところ、理解が確実に広まっていきました。

「アンケートを読んで『ああ、こういう考えの人もいるんだね、じゃあこれは、もうちょっと維持する方向でやってみようか』といった感じで、いろんな意見を汲み上げていきました。これは他の役員の人たちが、本当にすごく頑張ってやっていたんですけれど」

4月の定期総会は、コロナで学校が臨時休校になったため急きょ導入したメールシステムと、書面による議決権行使を併用して開催することに。入退会に関することから、組織や規約の変更、会計のことまで、もろもろの案はすべて可決され、２０２０年度から無事、新しい仕組みでＰＴＡが動き出したのでした。

「この半年間は怒涛のようでした。非会員家庭の子どもの扱いをどうするかは、話題にもなりませんでした。区別しないのは当たり前だよね、という感じ。今後、会費を払う正会員=収入が減ってきたら、ＰＴＡで子どもたち全員に配るものの種類を減らすことはあるかもしれないけれど、会員か非会員かで分けるということは、絶対ありえないと思います」

子どもや家庭、仕事が優先で、ＰＴＡはその次

それにしても、たった半年でここまで進められるとは。狙ってできるものではないでしょうが、背景にはどうやら、こんな要因があったようです。

まず、もともと役員同士の関係性がとてもよかったこと。会長はいつも「できないことを謝る必要はない。『ありがとう』はいいけれど、『ごめんね』『すみません』はナシにしよう」と発言。みんな普段から「子ども、家庭や仕事優先で、ＰＴＡはその次」と声をかけあっていたため、助け合う雰囲気ができていました。

学校の管理職も、新しいことをするときはいつも会長や役員さんの意見を聞いてくれていたため、お互いに耳を傾け合う関係性があり、改革についても率直に話し合えたそう。

一方で難しかったのは、外部が関わる活動についてでした。たとえば、この自治体には「補導委員」という2年任期の役職（主にパトロールをするもの）があり、これを各校の教員と保護者から出すように求められてきました。福嶋さんの中学では、慣例的にＰＴＡ会員から出していたのですが、２０２０年度から活動をエントリー制にしたところ、希望者がゼロになって補導委員を出せないことに。そこで、前年度から補導委員になった2年目の人たちに、不満が残ってしまったのです。

「2年目で補導委員の役員となると、会議の回数が多く負担が重いそうです。補導委員の

方たちには、本校が委員を出せなかった理由を理解してもらえず、それは本部役員として説明不足だったと思っています」

そんな反省から今年度は、この春卒業した本部役員のうち3人が補導委員になり、本当に必要な活動なのか、また今ほどの人数（市全体で約120人）が要るのか、確認しているそう。他校PTAでも補導委員の選出については負担だという声が上がっているため、市P連を通じ、市に働きかけているということです。

PTAから学校にお金を渡さない仕組みづくり

福嶋さんは中学のPTAの会計として、今度こそやりたいことがありました。一番はまず、PTAから学校にお金を渡さないで済む形をつくることです。そこで、法令に違反しそうな支出は差し止めつつ、この頃新しく設置されていた「学校後援会」の仕組みを整えて、学校への寄付をそちらに任せようと考えます。

「PTAから学校に渡していたお金と物品を、すべて後援会に移譲しました。つまり、部活動のお金や学校に寄贈する備品は、後援会から寄付することにしたのです。ただし、後援会費は一律に徴収するのでなく、ちゃんと『任意の寄付金』を集めるように変えないとダメですよ、ということも助言しました」

これはだいじなポイントです。ＰＴＡの代わりに後援会から寄付を行う形に変えても、万一それが割当寄付（強制徴収）になってしまったら、意味がありません。

「また、費目だけあげても後援会が成り立たないので、『特別会計』も後援会にさしあげました。Ｔシャツの販売やイベントの売上金がかなり貯まっていたので、そのお金を全部です。費目と特別会計を渡すことについては、もちろん総会で承認をとり、ＰＴＡに長く関わった元役員の方たちにも説明をして理解を得ました」

なお、なぜ新設校でもない学校に突然学校後援会ができたのかというと、もともと市内の他の中学校にはすべて、部活動の遠征支援などを行う後援会があったのだそう。この中学にだけそれがなく、ＰＴＡが学校や部活の後援を引き受けていたため、学校側とＰＴＡ役員が相談して、後援会事務局を立ち上げたのだということです。

それから、ＰＴＡ会費の値下げも実現できました。もともと年額４０００円と高めだったこともあり、値下げは比較的簡単でした。メールシステムの導入でペーパーレスを進める予定があり、紙代や印刷関連費の削減が見込まれていたうえ、学校後援のための費目を後援会に移行することで、支出を大幅に減らせたからです。しかも２０２０年度はコロナの影響で活動期間が短く、市Ｐ連の分担金がなくなったほか、交通費の支出も減ったため、結局前年度の半額（２０００円）で済んでしまいました。

さらに、もう１つ。福嶋さんは以前から、会費を払わない「活動だけ会員」を可能にしたいと思っていたのですが、その枠組みも用意することができました。

「この春に卒業して、そのままメールシステムに残っている方がちらほらいるんです。その方たちからは会費はいただきませんが、もし希望があれば活動に参加してもらってもいい。今、ボランティア活動に来てくれる地域の方もメールシステムに入ってくれているんですが、会費はいただいていないので、それと同じですよね。そういった方たちを『準会員』ということにして、現役の保護者でも、もし希望があれば『準会員』を選べるようにしたんです。今年度からスタートして、6月現在、保護者の準会員は11人います」

なお、この「準会員」は議決権がなく、本部役員にもなれないそうですが、一般会員と同様に活動に参加できるということです。PTA、あるいは保護者の会は、まだまだいろんなやり方をできる可能性があるのです。

コラム 「置くだけ」資源回収

会費を安くおさえるため、資源回収で資金を調達するPTAもあります。資源回収というと、保護者が資源物を分類してひもでくくったり、リヤカーで回収場所まで運んだり、汗水垂らして働くイメージがありますが、ほぼ手をかけない方法もあります。

岐阜県のある小学校のＰＴＡは、自治会と共同で借りた市有地に、業者さんが無償で貸してくれたコンテナボックスを設置。回収は業者が行うため、保護者や地域住民は、不要になった段ボールや古紙をそこに置くだけで、手間がかかりません。元ＰＴＡ会長の柴田陽一郎さんによると、買取り代金のほか、市から資源回収の奨励金も出るため、収入は年間約１００万円にもなるそう。

愛知県のある中学校のＰＴＡも、同様です。校舎１階に設けた資源回収スペースに、保護者や近隣住民が資源物を置いておくと、市が定期的に回収をしてくれる仕組みです。他の資金調達の方法と併用して、会費はゼロにしているということです。

もし近隣に資源回収ボックスを設置してくれる業者があれば、または学校敷地内で、車が入れる場所に資源物の置き場をうまく確保できれば、是非まねしてみたい方法です。

頭を切り替えればＰＴＡは変われる

さて、ここまでＰＴＡを改革、改善した事例をたくさん見てきましたが、実際はそう、うまくいくケースばかりではありません。というか現状はまだ、変えようと思っても変えられないことも多い、と言ったほうが誠実でしょうか。PTA改革の、ままならない側面についても、ここで直視しておきたいと思います。

会長や本部役員さんがPTA改革を志したとき、うまくいくのは大体、以下の2つの条件が同時に揃ったときだと考えられます。

- **会長・役員さんのなかで方向がまとまったとき（反対の会長・役員さんがいないとき）**
- **校長先生も賛同してくれるとき（校長が反対しないとき）**

簡単そうに見えつつ、この2ポイントを同時にクリアするのは、なかなか難しいことです。「変えたい」と思っても、よくどちらか、または両方でつまずきがちです。

同じ役員さんからの反対が意外と多いのは、これまでのやり方を変えるのには、どうしても役員さんに労力がかかりやすいから、というのもあるでしょう。なるべく多くの会員の同意を得るためには、アンケートをとったり説明会を開いたりして、話し合う必要があります。こういった作業は、自分で選んだことならそれほど苦にならなくても、じゃんけん等でたまたま役員に「された」人にとっては迷惑でしかない、ということもあります。

もし役員さんのなかに改革に反対の人がいる場合は、なぜ変える必要があるのか、わかってもらう努力をするのと同時に、その人にはなるべく負担をかけないと伝えるとよいかもしれません。それでもダメなときは、メンバーが替わるのを待つしかないでしょう。ここで無理に突破しようとすると、人間関係にヒビが入り、心の傷を負ってしまうこともあります。もし可能ならこのとき、いっしょに改革をやってくれる人を見つけ、役員になってもらえるとベストです。

校長先生がPTA改革を応援してくれる確率も、現状半々といったところでしょうか。「早く保護者がPTA改革を言い出さないかな」と待ってくれているステキな校長先生も稀にいますが、「余計な〝波風〟を立てず去年通り頼む」と思っている校長も多いもの。

校長先生に反対されるときは、あまり打つ手がありませんが、もし近隣校に改革事例があればそのアピールを。校長先生は「出る杭」になることを嫌い、仲間内での「横並び」を好む傾向があります。いくら話しても見込みがないときは「ご異動」を待つしかないでしょう。それまでは活動スリム化等、賛同を得やすいところから進めておくのも手です。

改革の成否は、会長を含む役員メンバーや校長のめぐりあわせによるところが大きく、言ってしまうと「運」次第のところがあります。子どもが1人しかいない人は、めぐりあわせを待つ間に子どもが卒業してしまうので難しいかもしれませんが、何人かお子さんがいる人は、タイミングを待つのもよいでしょう。「今ならいけそう」と思ったときは、チャンスを逃さずに。そう滅多に訪れる機会ではありません。

もしPTAを変えられなかったとしても、もしくはちょっとしか変えられなくても、どうか自分を責めないでください。意外と見ている人はいるものです。数年後に別の保護者が、あなたが撒いた種を育てて、花を咲かせてくれるかもしれません。

どうかくれぐれも、自分を犠牲にしてまで頑張り過ぎないでください。


もう1つ、ままならない話をしておきましょう。せっかく変えたのに、残念ながら元に戻ってしまうPTAも、ないわけではありません。会長や役員さん、または校長先生が交代したら、自動強制加入や「クラスから必ず何人の委員を出す」というルールに後戻りしてしまうというケースも、かなり稀ですが、聞くことがあります。せっかく労力を費やして改革を頑張った会長や役員さんたちにとっては、ショックなことでしょう。

なぜ、元に戻したがる人がいるのでしょうか。

原因はいくつかあると思います。まず、感情的な部分もあるでしょう。「やり方を変えよう」という提案を「これまでのやり方=自分を否定された」と受け取ってしまう人もときどきいますし、あるいは、これまでいやいや従ってきたルールが変わると、「我慢した自分が損をする」「自分のポジションが下がる」というふうに感じてしまう人もいます。

「頭の切り替え」をできるかどうか、というのも分かれ目になると思います。

強制をやめ、やりたい人がやる形にしたら、参加する人はどうしたって減りますが、そのときに「**集まった人数、またはお金で、やれることをやる**」というふうに、頭を切り替えられるかどうか、というのがポイントです。これまでのように「前年通りの活動」を前提に人やお金を集めるのではなく、「できることをする」というふうに発想を変え、「**人が集まらない活動はやめる**」という覚悟をもつこと。その発想の切り替えや、覚悟をできない人が多いと、どうしても元の強制に戻りやすくなるでしょう。

ただ、これももし元に戻ってしまっても、会長や役員さんはどうか、自分を責めないでください。頭の切り替えをできなかった、みんなの問題なのです。

希望のある話もしておきましょう。もちろん、改革後も元に戻らず、何年も経過しているPTAも、たくさんあります。筆者は前著『PTAをけっこうラクにたのしくする本』(2014年発行)で、岡山市立西小学校PTA、札幌市立札苗小学校PTA、大田区立嶺町小学校PTOなどの改革を紹介しましたが、少なくともこれらのPTAやPTOは、今も強制に戻ることなく、任意のやり方をキープしています。

2016〜17年度に入会の仕組みを整備し、主な活動をエントリー制(手挙げ方式)に変えた名古屋市立吹上小PTAも、同様です。現会長の高橋正敏さんは、こう話します。

「変えたことは全部そのまま継続されていますし、その後も少しずつ変えてきています。2019年には、1つだけ残っていた委員会や、『母親代表』(P58参照)という役職をなくし、本部役員の決め方も変えました。今後、もっと変えていきたいところもあります」

なお、「活動を手挙げ方式にすると、本部役員の仕事が増えるのでは」と心配する声を聞くことがありますが、それもあまりなかったようです。一時的に細かい作業が会長さんに集中したことはあったものの、今はそれらもサポーター（会員）さんたちで分担しているそう。

前会長の下方丈司さんは「活動を縮小した効果も大きかった」と話します。

「エントリー制にしたので、春の保護者会で行う委員決めもなくなり、メールシステムの導入で印刷作業もなくなって、本部役員の仕事は改革前と比べると、かなり減ったと思います。年度末に役員さんから『役員をやった気がしない』と言われたくらいです（笑）。以前は投票で役員に選ばれた人が辞退するとき、教頭先生に電話するルールだったんですが、それもなくなったので、教頭先生からもすごく感謝されました」

ここまで新しいやり方が定着していれば、おそらくそう簡単に元に戻ることはないでしょう。もちろん絶対ではありません。私たちは「不断の努力によって、これを保持」しなければ、継続はままならないわけですが、無事、スタート地点には立てたわけです。

【アンケートより】

「こんなことできました！」エピソード

本書の作成に向けてアンケートを行ったところ、全国のＰＴＡ会長・役員さんたちが「ＰＴＡを変えた」さまざまなエピソードを寄せてくれました。一見目立たない「プチ改善」も、かけがえのない前進です！

子どもがいる親の集まりなのに、未就学児を連れてＰＴＡの会議に参加するのがＮＧだったため、ＰＴＡ室を掃除してキッズスペースを設置した。（ＵＢさん）

保護者から集団登校の希望が何回も出たが、校長は「並んで歩くほうが車が突っ込んできて危ない」と考え、断り続けていた。立派やった。（Ｉさん）

同じ志のママたちや校長先生と相談して、先生と保護者の対話サークルをＰＴＡとは別に立ち上げようとしていたが、コロナで頓挫中。（ひなこさん）

学校に必要な備品をＰＴＡ予算で購入する代わりに、リサイクル品として募集。ＣＤラジカセやラミネーター等を入手できた。（Ｘさん）

すべてがアナログだったので、メーリングリストやＬＩＮＥを使おうと提案したが却下された。コロナでようやくＯＫに。（Canata さん）

部長になったとき、強制参加が暗黙の了解だった歓迎会やお疲れ様会を、空気読まず拒否。時代錯誤な活動は削除、または時代に合ったものに変更。集まりも極力減らした。（湯葉豆腐さん）

Ｐ連加入を継続するか否か会員の意思を問うため、各Ｐ連に納めている分担金が１会員当たりいくらになるか周知して（市Ｐ５円、県内ブロック３円、県Ｐ１８０円 、日Ｐ 10 円)、アンケートを実施したところ、どれも継続希望者が少なかった。比較的継続希望者が多かった市Ｐのみ加入継続を検討したが、市Ｐに入れば県Ｐ・日Ｐを抜けることは不可能だったため、すべて退会した。(X さん)

ＰＴＡという名前を変え、ボランティアかサポーターとすることを提案。コロナで活動がなくなったと同時に本部内の重鎮も抜け、会則を変えやすくなった。(乾燥ワカメさん)

お茶汲み当番や、書面で通知した内容を電話で確認する係の廃止を提案。「活動に参加しない人に、やらないと絶対他の人に迷惑がかかるような仕事をふって、意地でも活動させる」という暗黙のルールをスルーし、後任にも伝えなかった。(あゆみんさん)

任意のボランティアであることを徹底して周知。手を挙げてくれた人の仕事量を減らし、仕事を抱え込む人が出ないよう、常に周囲がサポートできるようにした。作業は終了時間をはっきり示したうえで、参加を呼び掛けた。(たまきママ)

保護者アンケートを実施のうえ、「役員をできない理由」をみんなの前で説明するルールをやめ、運営委員会と定期総会の回数を減らした。本部役員が週に１度集まる謎の習慣もあり、減らそうとして猛反対されたが、多少はゆるめられた。(ががんぼさん)

会長になった年は、仕事を精査・縮小のうえ、委員会を廃止してボランティア制に変更。今年度は入退会届や個人情報の取扱い規定などを整備する予定。(ブラックさん)

【アンケートより】

「理不尽でした！」エピソード

改革が思うように進まないこともあります。

でもどうか、自分を責めないでください！

「免除の儀式」をやめたが、何が問題か多くの方になかなか理解されず批判された。やり方を変えることについて、もう少し時間をかけて周知できるとよかった。（いち保護者さん）

２年かけて改革。入会届は時間切れで実現せず。他の役員には「そんなに嫌なら私立に行かれては？」と言われ、学校側に個人情報保護法令を守ろうと提案したら「法令より〇〇市に先例があるかどうかがだいじ」と副校長に言われた。（あーやさん）

委員会活動や予算の縮小を保護者で話し合い、ＰＴＡで雇用している事務員さんに伝えたが「予算のことはこちらで考えるから気にしなくてよい」と却下され、会費は値上げされた。30 年以上ＰＴＡのすべてを仕切っている方なので、数年しかいない保護者はもちろん、教職員もその方に頭が上がらない。（万年断捨離さん）

改革したい会長の意向を無視し、庶務の人が強制的に委員決めの案内を配布してしまった。（ＭＫさん）

加入届を整備した後、買い物中に知らない年配の方から「本部の方よね？」と声をかけられ、「あなたたちのしたことは今までＰＴＡを一生懸命やってきた人たちに大変失礼」「子どもに手を加えられても仕方ない」と恫喝され、校長と相談のうえ警察へ届けた。（いちごさん）

やり方を変える提案をした母親役員に、他の母親たちが辛くあたっていたらしい。父親役員が提案したら話が進んだのも腑に落ちない。同性だと反発を受けやすいのか。（カネゴンさん）

来年度の会長に内定。入会届の整備を提案しているが、教頭は「書面はとらず、『任意だが入ってほしい』と頼む」と言い、会長は「会費の返還請求が来たら返還すればいい」と言う。校長には「学校はＰＴＡが全員加入だから手伝っている」と胸を張られた。市教委に相談したが、４月に配られたのは個人情報をＰＴＡと育成会に渡すことの同意確認書のみ。不同意の×をつけたのはわが家のみだったらしい。（ぐうちょきさん）

会長内定時、知り合いに「市Ｐ連退会を考えている」と話したら、校長に呼び出され「校長会で『おたくのＰＴＡはどうなってる』と言われる」などと猛反対された。（マー君さん）

委員長だった際、イベントで会長・役員さんから「今までにない、子どもが喜ぶクオリティの高いものを」と再三言われ、時間がないなかみんなでアイデアを出し合いクラフト系の催しを開催。イベントは成功したが、後日役員さんから「来年の人がプレッシャーになって困る」とクレーム。以来、声がかかっても避けている。（かえるさん）

クラス役員の希望者がいないとき「空席にしましょう」と提案したら「不公平だ」「自分は我慢したのに」など言われた。自分がイヤなことを人にもやらせたがる保護者が多いことに憂いを覚えた。（すみっちさん）

改革を目論み役員に立候補したら、新旧役員の「吊るし上げ」に遭い辞退を促された。（乙さん）

加入も活動も任意を徹底したが、次の会長に交代したら元に戻ってしまった。自分で考えない「前年通り」のほうが好きな人にとっては「戻したほうがラク」となるのだろう。（Ｔさん）

コラム

意外と根深い「平日日中に活動」問題

ＰＴＡでは、今も「平日日中」の活動がよく見られます。昔は専業主婦が多かったのでよかったとしても、母親も父親も同等に働く今、さすがに時代錯誤と感じます。平日夜や土日に移行したＰＴＡももちろんあるものの、なかなか浸透しないのはなぜなのか。

理由の１つは、先生に負担がかかってしまうからでしょう。保護者が平日夜や土日に学校に集まると、鍵の開け閉めやセキュリティを担当する先生（おそらく教頭）が、時間外労働をしなければいけなくなります。

それは確かに、担当の先生がかわいそうです。ですが、そのために保護者たちが平日の仕事を休むのなら、保護者たちがかわいそうです。

これは、意外と根深い問題です。もちろん、どの曜日や時間帯でも都合が合わない人はいるものですが、デフォルトをどこに置くかは、やはり重要でしょう。保護者と先生が互いに折り合える着地点を、うまく見つけたいものです。

もし今後も平日日中をＰＴＡ活動のデフォルトとするなら、少なくとも加入や活動の強制をなくすことに、学校ももっと協力してほしいと感じます。

第5章 PTA改革虎の巻①
〜会長・役員編〜

改革のロードマップ　～準備から実践、フィニッシュまで～

この章では、主に会長や役員さんがPTA改革を進める際の手がかりとなる具体的な情報をまとめています。最初に、改革までのロードマップ（工程表）を考えてみました。これまで見てきた事例から、おおよそのステップ&要素を抽出すると、こんな感じです。

〈ステップ1　準備〉

・会長または役員になる
・よその改革例や、PTA問題の基礎知識を得る
・役員内で現状のPTAの問題点や、向かっていきたい方向性を共有する
【検討する項目の例】入退会の仕組み／個人情報の取扱い／活動参加者の募集方法／各活動の継続やスリム化／支出や会費／P連／会の名称／IT化／T会員の扱い等
・改革の進め方の計画を立てる
・校長先生の反応を探る

〈ステップ2　実践〉

・会員（保護者や教職員）に無記名アンケートをとる

・アンケートの結果を集計して、周知する
・今後の方向性を打ち出して、周知する
・説明会を開く
・質問や意見を受ける
・必要に応じて案を修正する

〈**ステップ3　フィニッシュ**〉
・定期総会または臨時総会にて会則を適宜修正する
・外部（他校やP連等）への連絡　→新体制スタート！

もちろん、これを全部やらなければいけないわけではなく、順番も自由でかまいません。状況によっては、数年かけてもいいでしょう。Case1の竹内さんは、年度をまたぐと役員メンバーが入れ替わってしまう可能性があるので「一度にやるほうがおすすめ」ということでしたが、もしメンバーの足並みが揃わないときなどは逆に、急がないほうがいいかもしれません。

なお、入退会の仕組みを整えることは本来当たり前の話なので、役員さんの判断で進めても問題ないと思いますが、会則の変更については、総会の決議が必要になるでしょう。

入会届をつくるときのポイント

ＰＴＡ改革・適正化の最初の一歩といえるのが、入会届の整備です。

本人の意思を聞かずに団体の会員にして会費をとる、というこれまでのやり方は、どう考えても問題があります。ＰＴＡに加入するという意思を明確に示してもらうため、書面やＷｅｂで入会申込みをしてもらうのがよいでしょう。次頁のサンプルは、保護者にも教職員にも配布できます。

もし学校にＰＴＡ会費の徴収を委託する場合は、１文目を「会費の引き落としを学校に委託することに同意し、入会します」などとしてもよいでしょう。

収集する個人情報は、なるべく少なくしたほうが安心です。万一情報が漏れてしまったとき、会員に思わぬ迷惑をかけてしまうリスクを減らせます。

入会届を配布する際は、加入を検討してもらうための判断材料も必要です。事前に、ＰＴＡの趣旨（目的や活動内容）、会費の額や徴収方法、会則なども知らせておきたいところです。紙で配ってもいいですし、ＨＰで公開しておくのもいいでしょう。

入会申込みを、Ｗｅｂで受け付ける方法もあります。Ｗｅｂアンケートと同様のやり方（Ｐ１４４参照）で、各自で記入してもらえば、とりまとめの手間をだいぶ省けます。

SAMPLE

〇年《ねん》　〇月《がつ》　〇日《にち》

〇〇小学校《しょうがっこう》 PTA　宛《あ》て

ＰＴＡ入会届《にゅうかいとどけ》

本会《ほんかい》の趣旨《しゅし》に賛同《さんどう》し、入会《にゅうかい》します。

保護者《ほごしゃ》　または　教職員氏名《きょうしょくいんしめい》

____

メールアドレス

（電話番号《でんわばんごう》　　　　　　　　　　　　　）

※保護者の方《かた》は、主《おも》に活動《かつどう》に参加《さんか》する方《かた》のお名前《なまえ》を記入《きにゅう》してください（何名《なんめい》でも可《か》）

※保護者の方は、以下《いか》に在校《ざいこう》するお子《こ》さんの情報《じょうほう》を記入《きにゅう》のうえ、一番上《いちばんうえ》のお子さん経由《けいゆ》で、提出《ていしゅつ》してください

〇児童《じどう》の学年《がくねん》・クラス・氏名《しめい》

______年《ねん》______組《くみ》____　氏名《しめい》________________________

______年______組____　氏名________________________

______年______組____　氏名________________________

ご記入頂《いただ》いた情報《じょうほう》は PTA 活動以外《いがい》の目的《もくてき》で使用《しよう》することはありません。

〇月〇日までに提出してください。

※入会届のサンプルはこちらからもご覧いただけます。

※日本語を母国語としない保護者のため、ふりがなを振ってあります。

なお、意外とよく聞く話なのですが、せっかく入会届を配っても「必ず提出してください」と書き添えたら、意味がなくなってしまいます。入会届をとるのは、あくまで「本人の意思を尊重した運営をするため」と理解してもらえればと思います。

退会届をつくるときのポイント

入会届に加え、退会届を用意しておくのもよいでしょう。「周囲の反対が根強く、まだ入会届はつくれない」というＰＴＡでも、退会届ならいけるかもしれません。退会の自由が確保されているだけでも、強制で追い詰められる人をだいぶ減らせるはずです。

退会の理由を書く欄は、必要ありません。

SAMPLE

○年《ねん》　○月《がつ》　○日《にち》

○○小学校《しょうがっこう》 PTA　宛《あ》て

ＰＴＡ退会届《たいかいとどけ》

本会《ほんかい》を退会します。

保護者《ほごしゃ》　または　教職員《きょうしょくいん》氏名《しめい》＿＿＿＿＿＿＿＿＿＿＿＿＿＿

＿＿＿年《ねん》＿＿＿組《くみ》＿＿　氏名＿＿＿＿＿＿＿＿＿＿＿＿＿＿

＿＿＿年＿＿＿組＿＿　氏名＿＿＿＿＿＿＿＿＿＿＿＿＿＿

※退会届のサンプルは
こちらからもご覧いただけます。

会の運営に活かすため、任意で記入する欄を設けるのはアリでしょうが、記入を強制しないよう気を付けたいところです。

あるいは退会届をつくらず、会則に退会時のルールを加えるだけでもよいかもしれません（P138参照）。というのは、ときどき「退会届は教頭先生がもっていて、もらいに行くと退会しないよう説得される」という話を聞くからです。これでは退会をあきらめる人も出かねないので、それならむしろ、退会届は書式を問わないほうがよさそうです。

会則を改正するときのポイント

PTAの会則や規約は、割合どこも似ています。戦後まもなく文部省が作成した「PTA参考規約」をベースにしているからです。改革・適正化を進める際は、おそらく会則を改める必要が出てきます。どんな点に気を付ければよいか、主なところをまとめてみました。

なお、会則は「最低限、必要なこと」に絞ったほうがよいでしょう。会則を変えるためには、大体総会での決議が必要になるので（それも会則上のルールですが）、あまり細かいことを入れてしまうと不便にもなります。

PTAという団体は、学校のなかで優先的に扱われているため、力をもちやすいところがあります。会則を見直す際は、何気ない言葉で、保護者や教職員に圧をかけないようにすることも、念頭に置いてもらえたらと思います。

◉「**会員**」**について**

PTA会則の4、5条の辺りに、よく「本会は本校の児童の保護者と本校の教職員を以て会員とする」といった条文を見かけます。これは「本人の意思と関係なく、保護者と教職員は必ず会員にならなければならない」と思わせやすいので、**「この会の会員となることができる者は」**といった表現に変えたほうが、誤解がないでしょう。**「入会を希望するものは入会届を提出する」「本会はいつでも退会できる」**といった文言も加えると、入退会の自由を、よりはっきりと示すことができます。

なお、1954年に文部省が出したPTA第二次参考規約は、こんな文面でした。

「この会の会員となることのできる者は、次のとおりである。一、〇〇小学校に在籍する児童の父母またはこれに代る者。二、〇〇小学校の校長および教員。三、この会の主旨に賛同する者」

この箇所については、「備考」の欄にわざわざ解説もあります。

「『会員となることのできる者は』としてあるところに『自由入会』の精神が示されている。

ＰＴＡが民立団体である限り、会員になることも、会員に止まることも自覚に基づく個人個人の自由であって、いささかも強制があってはならない」

なんと70年近くも前から、既にこんな指摘があったのです。もし当時から各ＰＴＡの会則がこのように修正されていたら、ＰＴＡの強制で苦しむ人は出なかったかもしれません。

ときどき「会員は、すべて平等の義務と権利とを有する」といった会則を見かけますが、「義務」という語が「強制してよい」という誤解を生むことがあるようです。会員の間に上下はないことを示す目的でしょうが、この一文ははずしてよいかもしれません。

◉「方針」について

会則の冒頭にある「方針」で、「ＰＴＡは任意加入であり、すべての子どもを対象とする団体である」ことを示しておくのもよいでしょう。非会員が出たときに「子どもに記念品をあげるかどうか」などという悲しい議論をしないで済みます。

例

・**「本会の活動で得られる利益は、同小の全児童へ等しく還元する」**(町田市立某小学校ＰＴＡ会則より)

・**「本会の活動において、すべての児童は平等に扱われ、児童及びその保護者の属性によ**

るあらゆる形態の差別をしてはならない」（名古屋市立吹上小学校ＰＴＡ会則より）

なお、１９４８年に文部省がつくったＰＴＡ第一次参考規約には、**「本会は、国および地方公共団体の適正な教育予算の充実を期するために努力する」**という一文がありました。現行のＰＴＡでこういう会則はほぼ見かけませんが、ＰＴＡは本当はこのように、学校に公費をつけるよう議会や行政に働きかける団体ならよかったなと筆者は思います。

◉書面・Ｗｅｂで議決する「総会」について

最近は、総会の議決を書面やＷｅｂで行うＰＴＡも増えています。

書面やＷｅｂで議決する総会には、２種類あります。１つは、会員がリアルに集まる総会を開く前提で、欠席者に書面やＷｅｂでの議決権行使を認める方法（Ａ／書面等による議決権行使）。もう1つは、リアルな総会は開かず、書面やＷｅｂのみで議決を行う方法（Ｂ／書面総会・Ｗｅｂ総会）です。

Ｂの場合、議決を有効なものとするためには、会則上の根拠が必要となります。たとえば、こんな一文を加えるのもいいでしょう。

例

・「社会情勢等により総会を開催することが困難であるときは、会長の決定により、書面又は電磁的方法による会議をもってこれに代えることができる」（高崎市立某中学校ＰＴＡ会則より）

さらに、議決の成立と可決のルールについては、こんな文案が考えられます。

例

・「書面総会での決議は、原則として会員の書面による議決権行使により議決するものとする。この場合、会員数の三分の一以上の議決権行使書の提出があったときに総会は有効なものとし、議事はその過半数で決する。書面総会を行う場合は、会員は、会長に対し総会議案に対する質問をすることができる」（某区立小学校ＰＴＡ規約より）

・「オンライン総会を行う場合は、全投票数の過半数をもって可決とする」（町田市立某小学校ＰＴＡ会則より）

◉「解散」について

ＰＴＡを解散する場合の財産処分方法について、定めておくのもいいでしょう。こういった会則があれば「解散」という選択肢がタブーでなくなり、役員の引き受け手がいないとき、「誰か、いませんか」と泣く泣く探し続けることも避けられそうです。

例

・**「本会を解散する場合、(中略)PTA会費の最終残金は町田市へ寄付する」**(町田市立某小学校PTA会則より)

きちんとしたい「個人情報取扱規則」のこと

2017年春から、PTAも個人情報保護法の対象となっています。個人情報保護法を理解して遵守すればよいのですが、みんなで法律を読み込むのも大変なので、PTAの運営にかかわる部分のルールを定めた「個人情報取扱規則」をつくっておきたいところです。

個人情報を集める際は、利用目的を特定し、相手に伝えることなどが必須です。別途「個人情報保護方針」を作成して、周知するのもよいでしょう。

なお、個人情報保護法を守るのは、あくまで個人情報の持ち主を守るためです。本人の同意を得ずに第三者から個人情報を入手すると、その人に嫌な思いをさせたり、思わぬトラブルや事件に巻き込んでしまったりすることがあるので、くれぐれも気を付けましょう。

SAMPLE

○○小学校ＰＴＡ　個人情報取扱規則

第１条 （目的） 本規則は、○○小学校ＰＴＡ（以下「本会」という）が取得・保有する個人情報の適正な取扱いを定めることにより、本会の円滑な運営を図り、個人の権利・利益を保護することを目的とする。

第２条 （指針） 本会は個人情報保護に関する法令等を遵守し、実施するあらゆる事業において個人情報の保護に努めるものとする。

第３条 （管理者） 本会における個人情報の管理者は会長とする。

第４条 （利用目的） 本会では個人情報を次の目的のために利用する。

（１）会費請求、管理、運営の連絡、文書等の送付 （２）名簿の作成

第５条 （個人情報の取得） 本会は、個人情報を収集するときは利用目的を決め、本人に明示する。なお、要配慮個人情報（思想、信条、宗教、病歴など、不当な差別又は偏見が生じる可能性のある個人情報）は取得しないものとする。

本会が取り扱う個人情報は、次の事項とする。

・氏名 ・メールアドレス ・電話番号 ・会員の子どもの氏名と学年・組

・その他必要とするもので同意を得た事項

第６条 （情報開示等） 本会は、保有する個人情報の開示、利用停止、追加、削除を本人から求められたときは、法令に則ってこれに応じるものとする。

第７条（管理） 個人情報は本会が適正に管理し、不要となった個人情報は適正かつ速やかに廃棄する。

第８条 （第三者提供の制限） 次に挙げる場合を除き、収集した個人情報を、あらかじめ本人の同意を得ないで第三者に提供してはならない。

（１）法令に基づく場合

（２）人の生命、身体または財産の保護のために必要がある場合であって、本人の同意を得ることが困難であるとき

（３）公衆衛生の向上または児童の健全育成の推進のために特に必要がある場合であって、本人の同意を得ることが困難であるとき

（４）国の機関もしくは地方公共団体またはその委託を受けた者が法令の定める事務を遂行することに対して協力する必要がある場合であって、本人の同意を得ることにより当該事務の遂行に支障を及ぼすおそれがあるとき

第９条（第三者からの提供） 第三者から個人情報の提供を受けるときは「第三者の氏名」「第三者が個人情報を取得した経緯」「提供を受ける対象者の氏名」「提供を受ける情報の項目」「対象者の同意の有無」について確認し記録する（事業者でない個人から提供を受ける場合は記録不要とする）。

第１０条 （改正） 本規則の改廃は、総会において行うものとする。

※個人情報取扱規則のサンプルはこちらからもご覧いただけます。

学校とPTAとで結ぶ「業務委託契約」

PTAは学校とは別の団体ですが、学校はよくPTA会費の徴収や、プリントの配布等を代行しているため、「PTA＝学校の一部」と保護者たちに誤解させる大きな要因となっています。きちんと線を引くためにも、学校とPTAの間で業務委託契約（正式には委任契約）を交わし、学校が銀行口座からPTA会費を引き落とす際は、事前に各会員の同意を得ておく必要があります。

改革の手始めに「無記名アンケート」

改革に向け、保護者や教職員に無記名アンケートを行うのもおすすめです。

PTAは去年通りに運営していることが多く、一般会員の意見を聞く機会があまりありません。ときどきアンケートで広く意見を聞くことは必要でしょう。「会員の声に耳を傾けること」＝「会員の意思を尊重すること」でもあり、PTA改革・適正化の第一歩ともいえます。

役員さんからはよく「アンケートをとったら自由記述欄にすごい長文を書いてくれる人が多くて驚いた」という声を聞きますが、一般会員の人たちからしたら「自分たちの声を

SAMPLE

委任契約書

○○市立○○学校PTA（以下「甲」という）と、○○市立○○学校（以下「乙」という）とは、甲の事務に関して、次の通り委任契約を締結する。

（委任事項）

第１条　甲は乙に対し、甲の事務のうち、次の行為を委任し、乙はこれを受諾する。

（1）会費の集金及び督促

（2）関連文書の配布、収集

２ 前項各号に明記されていないもので必要が生じた事項については、甲と乙が協議して定める。

（権利義務の譲渡等の禁止）

第２条　乙は、第三者に対し、委任事項の一部もしくは全部を委任し、この契約に基づいて生じる権利義務を譲渡し、又はこの契約上の地位を承継させてはならない。ただし、甲の承諾を得たときは、この限りではない。

（報酬）

第３条　この委任契約に関し、乙に名目の如何を問わずいかなる報酬も支払わない。また、乙は、甲に対して名目の如何を問わずいかなる報酬も求めない。

（秘密の保持等）

第４条　乙は、委任契約履行上知り得た秘密を他人に漏らしてはならない。

２ 乙は、保管・管理する書類等を他人に閲覧させ、書写させ又は譲渡してはならない。

（契約期間）

第５条　本契約期間は、当年度の3月31日までとする。ただし、甲乙いずれにおいても、１か月以前に相手に通知することにより、本契約を解除することができるものとする。

（補足）

第６条　この契約に定めない事項については、必要に応じて甲、乙協議して定める。

この契約の締結を証するため、本書２通を作成し、甲、乙記名押印のうえ各自１通を保有するものとする。

令和　　年　　月　　日

委任者（甲）○○市立○○学校 PTA

会長 ○○ ○○ 印

受任者（乙）○○市立○○学校

校長 ○○ ○○ 印

※委任契約書のサンプルはこちらからもご覧いただけます。

聞こうとしてくれている」と感じられ、うれしいのです。それに、PTAは連絡先さえ公開していないことが多いので、「PTAのことで疑問や意見があっても伝えられない」と感じている人も、意外とたくさんいます。

ときどき「うちのPTAは加入も活動も義務（強制）だけれど、それでうまくいっている」という声を聞きますが、そういう会長や役員さんも「アンケートをとってみたら、みんなの本音がわかってショックを受けた」ということが、よくあります。

PTAアンケートは、無記名で行うことが前提です。自分が回答する立場を想像すればわかると思いますが、記名式のアンケートで本音を書けるという人はあまりいません。

なお、昔はアンケートを紙で行うしか方法がなく、準備から集計まで大変な手間でしたが、今はWebを使って簡単にできます。設問や回答の選択肢を考えたら、Googleフォームなどに落としこみ、URLをQRコードにしてお手紙に印刷して配布すればOKです。スマホやタブレット、パソコンで読み取って回答してもらえば、自動で集計されます。紙で回答を希望する人がいたら、その分だけコピーして手渡ししてもよいでしょう。

設問は、PTAについて自由に意見を書いてもらうだけでもいいと思いますが、可能なものは、選択式にするのもよいでしょう。選択肢をつくる際は、ある程度、改革の方向性などアンケートの目的を明確にしておく必要があります。ただし、設問の仕方によって回答をある程度誘導できてしまうところもあるので、できるだけみんなの本音を拾えるように気を配りたいところです。

アンケートは、ついあれもこれも聞きたくなって設問項目が増えがちですが、答えるほうは手間なので、ほどほどに。以下、設問を考える際のポイントです。

1 各活動やイベントを、継続するかどうか

活動をスリム化するため、今ＰＴＡで行っている活動について、継続の賛否を問うてみるのもよいでしょう。スリム化は、多くの保護者の賛同を得やすい部分でもあります。

「やりたい人がやる」という仕組みに変えたら、いまの活動を減らす必要はない（それで困る人はいない）、という考え方もありますが、ＰＴＡがたくさんの仕事を抱えていると、維持コスト（＝役員さんの手間）がかかりがちです。減らせば、余力が生まれます。

2 問題を感じている仕組みについての意見

役員さんたちが「この仕組みは変えたほうがいいかも」と感じていることについて、意見を募ってみるのもよいでしょう。加入や活動の強制をやめるのは本来当たり前のことなので、アンケートで賛否を問うのもどうかと思いますが、たとえば委員会制のことなど、活動の仕組みについて、みんなの考えを聞くことは参考になりそうです。

なお、これまで仕方なく活動してきた人は、ルールを変えると聞くと「自分が我慢してやったことを、他の人がやらなくてもよくなると自分が損をする」と捉えがちです。「ルールが変わっても誰も損はしない」という説明を、設問に添えておくのもいいでしょう。

3 PTAに求めることと、自分がそこで何をするのか

PTAは目的が幅広いため、活動がふくらみがちです。そこで、特にどういったことをPTAに求めるか、自分ならPTAでどんなことをやりたいかを会員に聞いて、方向性を見直すのもよいでしょう。保護者は「PTAは必要」と言いながら「自分はやりたくない」と言う人が多いのですが、そういった矛盾も省みてもらえるかもしれません。

おそらく「PTAは要らない」という回答も一定数あると思いますが、そういった人の存在や思いを知るのも、とてもだいじなことと思います。

4 P連への加入を続けるかどうか

多くのPTAでは、一度P連に入ったら入りっぱなしです。でも、会員から集めたお金を分担金としてP連に払っている以上、本当は毎年、各P連への加入継続の賛否を会員に問う必要があるのでは。あるいは、どのP連に所属しているかを明らかにしたうえで、PTAに入るかどうか、保護者や教職員の一人ひとりに判断してもらう、という方法もある

SAMPLE

PTA 活動についてのアンケート

【質問 1】 PTA にどんなことを求めますか？（複数選択可）
□保護者同士のつながり　□保護者と教職員のつながり　□保護者の学びの場
□地域との連携　□教育行政への注文　□特になし
□自由回答＿＿＿＿＿＿＿＿＿＿＿＿＿＿＿＿＿＿＿＿

【質問 2】 質問 1 の選択肢のうち、自分ならどんな活動に参加しますか？（複数選択可）

【質問 3】 例年 PTA で行っている下記の活動について、今後も継続したほうがいいと思うか、やめたほうがいいと思うか、教えてください。（①継続する　②取りやめる　③わからない　④どちらでもよい　から選択）
PTA まつりテントの設営・撤収（年 1 回）／ PTA まつり実行委員会（9 ～ 11 月＆当日）／救命講習会の実施（年 1 回）／講演会の企画運営（年 1 回）／蔵書点検（年 3 回）／広報委員会活動（年 2 回）／リサイクル活動（年 3 回）／ベルマーク活動（年 3 回）／交通安全指導（年 3 回）／通学路の点検（年 1 回）／本部役員会議（年 5 回）／運営委員会会議（年 5 回）／ PTA 総会準備、実施（4 月後半）／〇〇市 PTA 連絡会参加（年 3 回）／〇〇県北ブロック PTA 連絡会参加（年 1 回）／〇〇県 PTA 連絡会参加（輪番の年のみ）／日本 PTA 全国研究大会参加（輪番の年のみ）／市 P 母親代表委員会参加（年 3 回）／入学式受付（年 1 回）／入学説明会　（年 1 回）／ PTA 歓送迎会開催（年 1 回）

【質問 4】 質問 3 のうち、参加してみたい活動はどれですか？（複数回答可）理由も教えてください。

【質問 5】 上記の活動に参加した経験がある方にお聞きします。経験されたのはどの活動ですか？（複数回答可）また、参加してよかったと思うこと、課題を感じたことを教えてください。

【質問 6】 現在の PTA の委員・本部役員決めについて、意見があれば教えてください。（自由記述）

【質問 7】 その他、PTA に意見があれば教えてください。（自由記述）

【質問 8】 直接回答がほしい方は、ご連絡先とお名前を書いてください。（任意）

※アンケートのサンプルはこちらからもご覧いただけます。

でしょう。

5 教職員向けのアンケート

ここまで主に、保護者向けのアンケート項目を考えてきましたが、本当は教職員会員向けにもアンケートは必要でしょう。先生や職員さんのなかにも、PTAに意見がある人はいます。校長先生がなんと言うかわかりませんが、だめもとで提案してみてもいいのでは。自由記述だけでも、いろんな声が聞けるでしょう。もちろん無記名の前提です。

会員が減っても気にしない

強制加入をやめても、会長や役員さんたちは「加入率を高く維持せねば」と感じがちです。でも、任意なら入らない人がいるのは当然のこと。退会者が出て加入者が減ることを「自分たちの運営への評価」と捉えて気にし過ぎると、疲れてしまいそうです。

「加入率が低くても気にしない」と決めたPTAもあります。2019年から任意入会の仕組みを整えた北九州市のあるPTA。当初、会長は7〜9割の加入率をめざしていましたが、「これでは役員のプレッシャーになるし、近隣のPTAも怖気づいて改革しづらくなる」と考え、以来「加入率が低くてもいい」という認識を役員間で共有したそう。

といっても、開き直って雑な運営をしたわけではありません。これまでの活動を徹底して見直し「総会以外、定期的な活動はない」状態にまでスリム化。また、通学路の危険箇所のアンケートをとった際は、非会員も含め全保護者を対象にし「カバー率の高さ」を心がけたところ、翌年度は期せずして加入率が「1割も上がってしまった」ということです。

極端な話、たとえ加入率が2、3割になっても、すべての子どもと保護者全体を視野に入れ、なんらかの形で保護者同士、保護者と教職員がつながれる土台をもっていれば、その組織は十分存在意義があるのでは、と筆者は考えています。

PTAの「解散」「休止」もタブーじゃない

PTAの「解散」「休止」についても、ふれておきたいと思います。特に勧めるわけではないですが、やはり1つの選択肢として考えておく必要があると思うのです。

PTA改革・適正化を進め、やりたい人がやる＝会員の意思を尊重する形にしていくと、どうしても「本部役員を引き受ける人がいなくなる」という可能性は出てきます。そのときはやはり、解散か休止にするしかないでしょう。

でも、PTAは解散も休止も意外と困難です。一般の団体なら、とりまとめ役が出なければ自然と解散か休止に行き着きますが、PTAは「慣性の法則」が強いため、現・役員さんが泣きながら後任者を探し続けることになりがちです。そうならないためには、解散や休止について、会則で何かしら言及しておいたほうがよいように思います。

ただし、下手に条件をつくると、かえって身動きがとれなくなることもあるので、要注意です。ある役員さんから聞いた話です。そのＰＴＡでは、あるとき翌年度の本部役員さんがなかなか集まらず、解散を検討することに。でも、そのＰＴＡでは数年前に「総会で会員の４分の３以上の賛成があれば解散できる」という会則を加えていたため、解散もできなさそうでした。おかしな話ですが「自分は役員をやりたくないけれど、ＰＴＡは存続してほしい」と望む保護者が多いので、４分の３の賛成は得られそうになかったのです。

解散もできない、次期役員も出てこない――そんなジレンマに陥り、役員さんたちは頭を抱えていたのでした（その後なんとか後任は見つかったそうですが）。

会則で条件を新設しなくても、総会の決議があれば解散は可能なので、こういったルールはつくらないほうがよさそうです。もし条件を設けるなら、もっとシンプルに、「本部役員が〇名以下となった場合は解散とする」などとしたほうがいいかもしれません。もしくは、先ほどＰ１４１でも紹介したように、解散時の財産処分方法だけ決めておくのもいいでしょう。もし会則に「総会の議決事項」が書かれていたら、そこに「解散」を加えるのもいいと思います。

あるいは、PTAを解散するのでなく「休止」させる、という方法も考えられます。そのほうが解散よりも簡単そう……と思ったのですが、どうも、そうでもなさそうです。

PTAの休止事例がさっぱり見あたらないので、市民活動のサポートをするNPO法人シーズに相談してみたところ、代表の関口宏聡《ひろあき》さんが、こんな指摘をしてくれました。

「たとえば、会則に『立候補の役員が3名に満たない場合は、当該年度の活動は休止し、会費は徴収しない』などのルールを入れておけば、休止は可能でしょう。ただ、休止の間もお金の管理は誰かがしなければなりませんし、再開を誰がどう決めるか、考えておかなければなりません。PTAはどんどんメンバーが入れ替わるので、再開するときは、以前の役員さんが誰もいないことも考えられます」

なるほど、これは難しそうです。そう考えると、意外と解散のほうが現実的なのかもしれません。関口さんは「休止するときは、管理職の先生に噛んでもらう形にしてはどうか」とのことでしたが、管理職の先生だって本当は任意ですし、異動もあります。

もうひとり、『〝町内会〟は義務ですか?』(小学館新書)の著者・紙屋高雪《こうせつ》さんにも聞いてみました。紙屋さんはかつて、自治会の休止を検討したことがあります。

「休止中、自治会のお金は『供託』という制度を利用して、管理を委ねることも検討しましたが、利用しにくいと思いました。自治会の再開時に、供託所にお金があることを知らせる人がいなければなりませんが、再開がいつになるかわからなかったからです」

ということは、ＰＴＡでも「供託」の制度を使うのは難しいでしょう。再開時期はわかりませんし、自治会よりさらにメンバーが入れ替わってしまいます。

以上のようなことを考えると、筆者としてはいまのところ、ＰＴＡの役員さんが見つからないときは「休止」より「解散」がいいのでは、という結論です。解散しても、何年かすれば新しい組織をつくる人が出てくるかもしれませんし、そのほうが自由な形でやれそうな気もします。

現状、解散の事例も、多くはなさそうです。たまに聞くものの、問い合わせてみると、代わりに別の団体（保護者の会など）ができた、というケースがほとんどでした。

でもおそらく今後は、ＰＴＡの「解散」や「休止」は増えてくるのではないかと思います。これからコミュニティ・スクール（ＣＳ）や地域学校協働活動が広がっていくと、ＰＴＡにまで手が回らない学校・保護者も出てくるでしょう。特に小規模校には負担が大きいので、ＰＴＡは解散という選択も、やむを得なくなると思うのです。

ＰＴＡだろうと、ＣＳだろうと、地域学校協働活動だろうと、必要なことが実現できていればいいのです。一番の目的——子どもたちのために保護者と学校が協力すること——さえ実現できれば、必ずしもＰＴＡにこだわる必要はないでしょう。

コラム　コミュニティ・スクール（CS）と地域学校協働活動

いま文部科学省は「コミュニティ・スクール（学校運営協議会／以下CS）」や「地域学校協働活動」というものを推進しています。

CSは、地域住民や保護者が協議会を通して学校運営に関わる仕組みです。主な役割は「校長がつくる学校運営の基本方針を承認する」「学校運営について教育委員会や校長に意見を言える」「教職員の任用について意見を言える」の3つ（地方教育行政の組織及び運営に関する法律）。

導入率は約27％（2020年7月時点）と低調ですが、各教育委員会にはCSを置く努力義務があり、今後も広がりそうです。

一方、地域住民が学校のお手伝いをする「地域学校協働活動」（名称は自治体による）は実施率約6割（同時点）。校長先生としては、お手伝いしてくれる地域学校協働活動のほうが受け入れやすい、というのが本音なのでしょう。

CSも地域学校協働活動も、PTAとやっていることが重なる部分がありますが、現状棲み分けなど未整理です。また一般保護者は、CSの蚊帳の外に置かれてしまっている状態です。今後、CSや地域学校協働活動と、PTA、保護者の関係を、よく考えていく必要があるでしょう。

活動スリム化、どこから手を付ける？

PTA改革・適正化の前段階、または一環として、活動をスリム化しておくこともおすすめです。「やらなければならない活動」がたくさんあると、「やりたい人がやる形」に変えづらいですし、「やり方を変えよう」という余力も生まれません。

ここからは、PTA活動をスリム化する方法を見ていきたいと思います。

教育委員会や学校に仕事を「お返し」しよう

PTAはよく教育委員会（行政）から事業の委託を受けたり、学校のお手伝いをしたりしていますが、やりたい人がいなければ、仕事を「お返し」することも可能です。

行政から頼まれる仕事は、たとえば施設（校庭やプール）開放をする際の子どもの見守り、教育委員会が主催する講演会等への出席、家庭教育学級の実施など。こういったものは代々「PTAの仕事」として引き継がれているため「断れないもの」と思われ、強制動員を生み出す要因になってきましたが、実は断れるのです。最近は、会長さんが「できません」と断り、その仕事がなくなった、という「朗報」をよく聞きます。

学校から頼まれる仕事を「お返し」することもできます。たとえば、PTA会長のマサヒロさんは、「学校公開や運動会の際の受付や来賓お茶出し」について、保護者会員から不満の声が出ていたため、お茶はペットボトルを学校側で配ってもらうことに。受付は運動会の最初の30分のみ、PTAで対応することにしました。

そもそも学校のお手伝いは、必ずしもPTAを通さなくても、校長先生が保護者に直接募ることも可能です。保護者はむしろ、そのほうが気持ちよく参加できたりもします。

たとえば、ある小学校の校長先生がお手紙で、特に父親たちに向けて庭木の剪定ボランティアを募集したところ、大勢集まってとても盛り上がったそうです。

校長先生は、「PTAという団体が存在する手前、直接保護者に呼び掛けるのは失礼だ」と思って遠慮していることがあるので、会長や役員さんのほうから「PTAに気を遣わず、直接手伝いを募集してください」と伝えてもいいでしょう。

コラム　じつはもう少数派？「ベルマーク活動」

昔からPTAで行われてきた、ベルマーク活動。さまざまな商品パッケージに印刷されたマークの点数を集めて備品と交換し、学校に寄贈する、というものです。バザーや資源回収と同様に、保護者の無償労働を換金して寄付を行う仕組みの1つです。

ベルマークが誕生した1960年当時は、直接お金を出さずに学校に寄付を行える画期的な方法として注目されました。しかし、20人集まって半日活動しても、寄付できる金額は数千円程度です。いまは60年前と違って、子どもがいる女性でも働き口が多くあるので、むしろ非効率性が際立ちます。

最近はもう、ベルマーク活動はやっていないPTAのほうが多いですが、ポイント制や一人一役のPTAでは「全員に何かやらせるため」に継続されていることがあります。また一方では、希望者のみで楽しみながらベルマーク活動を継続するPTAや（これが本来の形のはずです）、インクカートリッジの回収、Webベルマークなど、手間のかからない方法に限定してベルマーク活動を行っているPTAもあります。

IT化は良いことだらけ！　おすすめ連絡ツール＆アプリ

これまで役員さんたちは「お手紙」をつくって保護者全体に連絡をしてきましたが、ITを使えばかなり省力化できます。平日日中に学校に集まって手紙を印刷する手間がなくなるので、時間も労力も、経費も削減できます。もし紙での連絡を希望する人がいても、おそらく数枚だけ、印刷かコピーをすれば済むでしょう。

活動を手挙げ方式にするときも、ITツールの導入とセットで考えるのがおすすめです。毎回希望者を募ると、双方向のやりとりが発生します。このときメールシステムやアプリを使えば、紙でやりとりするより、お互いずっとスムーズです。

もし役員さんのなかにITに明るい人がいないときは、別途「ITボランティア」を募集する手もあります。聞くところ、意外と希望者が集まるようです。

以下は、これまで筆者がPTAでの使用例を見聞きした連絡用のITツール（無料または低価格）です。他にも適したツールはたくさんあると思いますが、ご参考まで。

なお、PTA室のネット環境としては、役員さんの私物のスマホのテザリング機能を使うか、ポケットWi-Fiを役員の個人名義で契約し、後日精算する形が最近は多いようです。

◇LINE　公式アカウント（無料）
一方通行で情報配信。個別チャットも設定可能（グループチャットは×）。ビジネスIDを登録してアカウントを作成。非公開で使用の場合、「未認証」のままでOK。

◇LINE　オープンチャット（無料）
グループチャット（一方通行は×）。通常のLINEアプリで作成するが、登録名やアイコンは自由に設定可能。非公開に設定して、参加を承認制にすることもできる。

◇LINE WORKS（100人までは無料）
通常のLINEアプリとは別のアプリを使用。使い勝手はLINEと同じ。登録名やアイコンは自由に設定可能。トークルーム、ファイル共有、アンケート機能など。

◇エルガナ（無料）
チャットツールのアプリ。ユーザー数に制限はなく、配信した情報を誰がいつ見たか確認できる。資料の共有、アンケート機能ほか。

◇サイボウズoffice（有料）・kintone（有料）
officeは名簿管理、ファイル共有、掲示板など。kintoneは情報共有、コミュニケーションサポートなど。PTAは非営利団体向けプラン適用で安く使える。前者は300人、後者は900人まで年額9900円。

◇マ・メール（有料）
メールシステム。活動の手挙げ方式とともに口コミで広まった。会員管理がしやすく、簡易アンケートも可能。利用料は4～500人の登録で年額2万8000円～。

思い切ってP連から退会する

P連《ピーれん》退会の話をする前に、会長・役員さん以外の一般保護者や教職員にはほとんど知られていない「P連」について、ざっと説明しておきましょう。

P連というのは、自治体単位でつくられるPTAのネットワーク組織です。PTA連合会、PTA連絡協議会、PTA協議会など名称はいろいろですが、この本では、まとめてP連（またはP協）と表記します。

P連は市区町村ごと、都道府県ごとにつくられ（地方ブロックごともある）、全国組織である「公益社団法人　日本PTA全国協議会」（以下、日P《にちピー》）に連なります。

各PTA（「単位PTA」「単P《たんピー》」と呼ぶ）は市区町村P連の会員に、市区町村P連（政令市を除く）は都道府県P連の会員になることができます。日Pの会員になれるのは、都道府県と政令市のP連です。よく誤解されていますが、保護者や教職員といった個々のPTA会員が、P連の会員になるわけではありません。

各PTAやP連は、基本的に、最も近いP連への加入しか選べません。つまり「市P連には入りたいけれど、県P連に入りたくない」と思っても、その市P連が県P連に入っていれば県P連にも入らざるを得ませんし、逆に「市P連や県P連に入らず、日Pにだけ入りたい」と思っても、これも不可能です。

これまでは加入率が9〜10割のP連が多かったですが、最近は徐々にP連離れの傾向も見られます。なお、東京都小学校PTA協議会は、10年以上前から会員（市区町村P連）が2割程度です。

なお、P連の事務局は各教育委員会のなかに置かれていることが多いのですが、これは行政上、PTAが社会教育関係団体として扱われているからです。教育委員会の関わり度合いは、Ｐ連によって大きく異なります。良くも悪くも、教育委員会がほぼほぼ仕切っているＰ連もあれば、保護者がかなり主体的に動かしているＰ連もあります。

Ｐ連のなかには少数ながら、単Ｐの改革・適正化をサポートするため、情報提供やアンケートを行ったり、校長会に根回しを行ったりしてきたところあります。

●Ｐ連の活動は会員に還元されている？　それとも……

市区町村のＰ連や教育委員会は、近隣校の会長・役員さん同士が顔を合わせて情報交換できる場をよく設けており、これについては「助かる」「ありがたい」といった話を聞きます。

しかし他方では「役職や仕事が強制的にまわってくるのが辛い」という声も、大変よく聞きます。Ｐ連では、講演会を企画・実施する担当や、広報紙を発行する担当、自治体の充て職などが、輪番で強制的にまわってくることがかなり多いのです。

Ｐ連はよく「研究発表会」などのイベントを行っています。日Ｐの全国大会は毎年８月に行われ、たくさんの役員の保護者たちが動員され、莫大なお金が動いてきました。コロナ禍では中止やオンライン開催となっていますが、今後どうなるか、注目されます。

なお、こういったＰ連の事業は、ほぼすべて各ＰＴＡの会長や役員さんを対象としており、ＰＴＡの一般会員は、ほとんど蚊帳の外に置かれています。

Ｐ連が行政に要望を出す例もありますが、一部の保護者（Ｐ連役員）の意見が「ＰＴＡ会員みんなの意見」という体で提出され、トラブルになるケースも、割合よく見かけます。ＰＴＡもＰ連も、いろんな考えや立場の会員（保護者・教職員）がいるので、統一して出せる要望はだいぶ限定されることに、注意が必要でしょう。

◉Ｐ連退会のネックになりがちな「保険事業」

都道府県や政令市のＰ連は大体、保険（共済）事業を手がけており、手数料などで数千万円もの繰越金を貯め込むＰ連もあります。

保険は主に2種類あり、1つはＰＴＡ活動中の事故などを補償する保険（ＰＴＡ活動中の保険）、もう1つは児童や生徒が被保険者となる任意申込みの保険（24時間の子どもの保険）です。よく「Ｐ連を抜けると保険に入れなくなる」と言われますが、前者の保険は、実は各ＰＴＡが直接保険会社と契約することもできますし、市区町村のボランティア保険やＮＰＯ保険で代替できることもあります。

後者の子どもの保険は、そもそもＰ連は紙を配りあっせんしているだけなので、取り扱わなくても何の問題もありません。

◉じつは単P会員が負担しているP連の「分担金」

P連は、会員である単PまたはP連から毎年分担金を徴収しています。各PTAは、直接所属する市区町村P連に対し、都道府県P連、日Pの分担金もまとめて納めます。分担金の算出方法や金額は、P連によってかなり違います。

多くのP連は、決算報告や予算案を役員さんたちにしか公開しないので、一般のPTA会員は、PTAが会費からどれくらいの分担金を払っていて、それが何に使われているか知る機会がありません（そもそもP連の存在すら知らないことも多いのですが）。

なお、全国組織である日Pの収支予算書等は「公益法人information」のサイトから閲覧請求できます。令和2年度末の日Pの正味財産は、約3・7億円にものぼります。

さて、ようやく本題です。最近は全国的に、P連を抜けるPTAも増えつつあります。P連もPTAと同様、またはそれ以上に、強制ベースの運営がよく見られるからです。

せっかく自分たちのPTAを改革・適正化しても、役員さんたちがP連で活動を強制されるのでは割に合いません。いっそP連も改革する、という方法もありますが（実際、ときどき聞くようになってきましたが）、そこまで手がまわらないという役員さんも当然多いでしょう。退会も合理的な選択です。

P連を抜ける場合、最初の1校（PTA）は、各方面から圧力を受け苦労しやすい傾向がありますが、2校目以降は、比較的スムーズになるようです。

珍しいですが、P連を解散して新組織が立ち上がった例もあります。あるP連は、もともと加入率が低く、分担金の負担が大きいと感じている単Pが多かったため、思い切って解散して新しい会をつくったとのこと。新組織は主に情報交換を目的とし、分担金はとらないそうです。

Case1の竹内さんのように、P連とは別に、近隣他校のPTA会長や役員さんとネットワークをつくり、情報交換をすることだって可能です。必要なことを実現できれば、どんなやり方、形でもよいはずです。

コラム 「PTA活動は外注してしまおう」は妥当か？

今の保護者はみな忙しいので、「PTA活動は外注すればいい」という声がよくあがります。「活動を強制されるよりは、会費を多く払うほうがマシ」という気持ちはよくわかります。でも、「そもそもその活動は、本当にPTAで担わないといけないことなのか」ということも、考えてもらえないでしょうか。

教室のカーテンの洗濯も、庭木の手入れも、トイレ掃除も、登校見守りも、もし公的な予算がしっかりとついていたら、PTAの関与は不要です。私たち保護者は、外注を考えるより、公費を確保する方法を考えたほうがよいのではないかと感じます。

今はまだ、加入も会費徴収も強制のPTAが多いので、活動を外注することは、強制徴収する対象を労働力からお金に移すだけで、本当の解決にはなりません。もしPTAが本当に任意で加入するものになり、会員がみな賛成するのであれば外注もよいでしょうが、現状はまだ、その段階ではないように思います。

第6章

実録 一般会員・非会員としてPTAに働きかけてみた！

「ＰＴＡを変えるなんて、会長や本部役員さんにならないとムリでしょ」と思われがちですが、そうとは限りません。一般会員の立場から「おかしいですよ」と問題を指摘したり、「退会」や「非加入」を選択したりすることで、改革・適正化を促すことも可能です。

実際「退会者が出たことが改革のきっかけになった」とか「会員からの苦情や意見がきっかけで見直しが始まった」という話は、会長や役員さんからよく聞きます。

「役員になって改革するなんて、そこまでの余裕はない」という人も、「役員になりたかったけれど、なれなかった」という人も(筆者もコレです)、どちらでもないという人も、「ＰＴＡを変えたい」気持ちがあるなら、ぜひアクションを。

この章では、そんな行動を起こした３人の実例を、紹介します。

Case 6 初の退会者に。その翌年、ＰＴＡは変わった

［Ｄさんインタビュー］（２０２１年３月取材）

都内に住む４子の母・Ｄさん（ツイッター名＝Dee-Dee）は、２０１４年にＰＴＡを退会しました。今も子どもたちが通う小中学校で、ＰＴＡには入っていません。

当時はまだ非加入の選択をする人が今よりずっと少なかったこともあり、Dさんが退会を告げると、PTA会長からは子どもへの不利益を告げられたといいます。彼女は、どのようにPTAの問題点を伝え、対応したのでしょうか？

無理な活動に疑問がふくらみ、退会を考えるように

Dさんが PTAを退会したのは今から7年前、長子が小学校に入った年でした。Dさんは初め、PTA活動に希望をもっていました。保育園の保護者会の活動がとても楽しかったので、PTAも同様だと思っていたのです。当時、3子が産まれたばかりで育休中だったDさんは、ベルマーク係に。これなら家でもできるかも、と思ったからです。

でも、実際の活動は想像とずいぶん違っていました。1年間に必ず6回、平日日中の集まりに参加必須で、休む場合は必ず代理を立てなければならない決まりだったのです。妊娠中の保護者に、委員長が「出産翌月から」の参加を強く求めたり、活動を欠席したシングルファザーが陰口を叩かれたりするのを見たDさんは、「家で集計してもよいのでは？」と提案してみましたが、全く取り合ってもらえませんでした。

登校班のやり方にも賛同しかねました。その学校の登校班では、保護者が「子ども1人につき必ず1回、班の世話人になる」というルールがあったのですが、世話人になると、

毎朝登校班の集合場所に行き、子どもたちを見送らねばなりません。Dさんの仕事は出勤時間が早く、育休が明けたら世話人をできなくなるため「今年度の人と交代させてもらえないか」と頼んでみましたが、これもちっとも取り合ってもらえなかったのです。

そんなことがいくつも重なり、PTAへの疑問を深めたDさんは、ネットで「PTAは実は任意加入の団体である」ことを知り、退会を考えるようになりました。

準備には時間をかけました。当時、PTAをやめる人は今よりずっと少なく、退会を伝えると「それはできない」などと言われることが多かったからです。そこで、ネットや新聞記事、書籍、論文を読んで、関連する法律のことなどを頭に入れ、さらに教育委員会にも問い合わせ、PTAが任意加入団体であると認識していることを確認しました。

それでも、まだ不安はありました。PTAを退会することで、もしかしたら子どもに何か不利益が及ぶのでは？　と思ったのです。けれど、夫も長子も彼女の背中を押してくれました。Dさんの話を聞いて、夫も退会に賛成。長子にも考えていることを伝えたところ「いいよ」との返事。Dさんはついに、決心したのでした。

「非会員の子どもには不利益が及ぶ」と伝えられ……

退会を伝えたのは、夏休み直前でした。校長、副校長、PTA会長宛てに3通の退会届を用意して、校長宛てに郵送。「文書かメールで返事がほしい」と添えたのですが、副校長から電話がきて、予想通りに話し合いを求められました。本来、任意で加入する団体を退会するのに話し合いなど不要なはずですが、一度は応じることに。

話し合いの場で、退会は受け入れられたものの、PTA会長は「非加入者の子どもには不利益が及ぶ」ことを主張しました。親がPTAを退会すれば、子どもは登校班に入れなくなるし、PTAが配布する記念品ももらえなくなる、というのです。

最近は「PTAは学校に通うすべての子どものために活動する団体であり、保護者が会員か非会員かにかかわらず、区別なく扱う」という原則がだいぶ浸透して、非会員家庭の子どもへの不利益を掲げるPTAはかなり減ったのですが、当時はまだ「PTA＝会員向けサービスをする互助会」と思っている人が少なくなかったのです。

Dさんと夫は、PTAの原則を丁寧に説明しましたが、この日は折り合えず。

結論が出たのは2学期が始まる頃でした。登校班については、校長からメールで「これまでどおりに参加してください」と連絡が。PTAが配布する記念品は「非会員が実費を払う前提で、子どもに同じものを渡す」という案で合意することに。ただし、この「実費払い」については、あとから違和感を覚えるようになったといいます。

PTAを退会しても、子どもには何ら影響はなく、Dさん自身も、周囲から悪口を言われるようなことはありませんでした。彼女はフルタイム勤務で、他の保護者と顔を合わせる機会がもともと少ないですし、そもそもPTAを退会したこともみんなに話していないので、知られていない可能性もあるといいます。現在小学校に通う2子と3子も、親がPTAの非会員であることについては、全く気にしていないようです。

退会翌年、入会届が整備された

意外なこともありました。DさんがPTAを退会した翌年度、PTAで「入会届」と「退会届」が整備されたうえ、会則に入退会の規定が加えられたのです。Dさんは「任意加入の団体なのに入会の意思確認をしないのはおかしい」ということは指摘していたものの、入退会の仕組みを整えてくれるとまでは期待しておらず、とても驚いたといいます。おそらく、校長がとりはからってくれたのかもしれません。

Dさんと学校・PTAとのやりとりには、いくつかのポイントがあったようです。たとえば、やりとりの記録を残しつつ、且つ双方の時間を有効に使うため、直接の話し合いよりも文書やメールでの意見交換を優先した点。期限を切って回答を求めた点。

退会届を校長宛てに送った点も、大きいでしょう。そもそも自動入会を可能にするのは、学校がもつ保護者の個人情報を他団体であるPTAに無断提供している校長ですから、同じ保護者である退会者と会長や役員さんが敵対する必要はないのです。

もう1つ注目したいのが、Dさんが誰も責めなかった点です。PTAが非会員家庭の子どもへの不利益を掲げるのは正しくないやり方ですが、これを止めるべきは校長です。Dさんは「会長や役員さんは素人なのだから、急に退会と言われてもどう対応すればいいかわからないのは仕方がないと思った」と話します。

さらにDさんは話し合いのとき、自分で議事録も作成しました。あらかじめ全員の了承をとって録音を残し、後で議事録（要点のみ）をつくって全員で共有、確認したのです。彼女は仕事上の経験から、公務員との話し合いは「話を聞いておしまいにされやすい」と感じていたため、議事録を残すことで、ポイントをはっきりさせたかったそう。

それに議事録があれば、のちに校長や副校長、PTA会長が交代しても「こういう経緯があった」と示せるので安心だと考えたのです。

「校長に意見する」という精神面のハードル

その後も小中学校のPTAで非加入を選択してきたDさんに、「これまで何が一番大変だったか？」と尋ねると、「それほど大変だったわけではないけれど」と断りつつ、こんなふうに振り返るのでした。

「退会や非加入を実行するとき、一番大変なのは、精神的な面じゃないかと思うんです。

『学校の校長の意向に反するようなことを言う』という心理的なハードルです。私たちは『目上の人には反論すべきではない』とか『先生の言うことには従ったほうがいい』といった価値観のなかで育っているし、子どもを学校に通わせている立場なので、『子どもがどう扱われるかわからない』という不安もある。さらに『周りの友達（保護者）がどう考えるかな』といった心配もあります。

私は（退会の）事前準備に時間を使いましたが、最近は非加入の人が増えたので、必要な情報はネットなどで比較的簡単に見つかります。だからその辺のハードルはだいぶ低くなったと思うんですが、心理的なハードルはまだまだ残っているんじゃないのかな。1度退会を経験していると、2度目以降はほぼ、ハードルはなくなるんですけれど」

個人情報が守られていれば「非会員に実費請求」はできない

さて、退会した際、ＰＴＡが子どもたちに配布するものについて、「非会員が実費を払えば、同じものを配布する」という案で合意したＤさんですが、実際にやってみると違和感が大きく、「このやり方はおかしい」と思うようになったといいます。

なぜなら、ＰＴＡはその学校に通うすべての子どものための団体だからです。もし会員家庭の子どもだけを対象とした団体なら、校長は、ＰＴＡが授業時間中に学校の教室（Ｐ

TA室）を使うことなど認められないでしょう。公共性のない活動に対して、学校という公共施設を無償で且つ優先的に使わせることはできないはずです。もし子どもたちにモノを配るなら、保護者が会員か非会員かにかかわらず子ども全員に配るのがスジですし、それができないなら最初から配らないのが妥当と考えられます。

Dさんはこんなふうに話します。

「卒業記念品に限らず、PTAという団体が子どもたちにプレゼントを配布して、その費用をPTA非会員の保護者に請求するのは、奇妙なことだと思います。それはプレゼントではなく購入です。購入であれば、購入する気があるかどうか意思確認をしたうえで、希望者が購入するという形が一般的でしょう」

もう1点、「非会員から実費を徴収する」というやり方は、個人情報の取扱いの面でも問題があります。もし学校やPTAが個人情報を正しく取り扱っていれば、つまり学校がもつ情報をPTAで無断流用していなければ、PTAは誰が非会員か把握できないはずですから、非会員から実費を徴収するのは不可能となります。

Dさんは考えた末、副校長に自分の考えを伝えることにしました。一度は受け入れた案なので、実費は払ったのですが、このとき「こういう理由で、本当はおかしいと思っています」ということを説明した手紙を、いっしょに渡したのです。初めのうちは変化がありませんでしたが、副校長が替わるたびに同じ内容の手紙を渡し続けてきたところ、3人目の副校長に替わった去年から、様子が変わってきたといいます。

「3子が小学校に入ったときの入学祝い品の請求が、2月現在まだ来ていません。もしかしたら忘れているだけかもしれませんけれど。ちなみに金額は160円くらいです」

なお、Dさんは副校長に手紙を渡す際、「返事は要りません」と毎回書き添えているのですが、これには理由があるといいます。

「納得したうえでやり方を改めてほしいから。『うるさい保護者に言われたからやります』ではなく、ちゃんと考えて『確かに、そうだよな』と思って変えてほしいので」

学校主催の活動・行事は学校から案内が出るように

Dさんは、実費請求のことに限らず、PTAや学校で「おかしい」と感じたことは、その都度きちんと伝える努力を続けてきました。

たとえば登校班。PTAが班編成をしている場合、学校は大抵、入学前の保護者の個人情報を本人に無断でPTAに渡しており、個人情報保護条例に背きます。そのことをDさんが学校に指摘したところ、班編成はその後、学校がやるようになったということです。

また、世話人になる保護者の負担を減らすため、小6の班長さんが時計をもてるようにすることや、世話人会議をなくすことも学校に提案したところ、どちらも採用されることに。先生たちは、世話人がどんなことをして、どんな負担を負っているのか、ほとんど知らないようでした。

給食試食会についても、PTAでなく学校行事であることを確認し、以前はPTAの名前で発行されていた案内の手紙を、学校名で発行してもらうことになりました。

「給食試食会って、本当にPTAの行事なのかな、と疑問だったんです。もちろん参加者の募集や、参加費の集計管理、当日の準備など、全部PTAがやっていることは知っていますが、学校給食の調理員さんは、公費で雇われていますよね。その人たちの勤務時間内に、PTAという別団体のために働いてもらっていいのかな、と思って。

副校長先生にも『確かにそうですね』と言ってもらいました。給食の調理員さんたちは外部委託ですが、委託内容に給食試食会のことも入っているそうで、それなら給食試食会も学校が主体でやっている行事ということになる。なので次回からは、案内の手紙を学校から出してもらうことになったのですが、今年度はコロナで試食会がなくなってしまって。来年度以降、どうなるかな、というところです」

7年前、PTAを退会するだけでも何度も話し合いを求められ、苦労したことを思い出すと「時代の流れがちょっと変わってきている」とDさんは感じています。

おかしなルールに声をあげることはだいじ

おかしいと感じたことをいちいち学校に伝えるのは、とても手間がかかります。黙って受け入れるほうがラクなのに、なぜあえて伝え続けるのか？　Dさんは、こう言います。

「たぶん私、学校を信頼しているんだと思います。言いたいことを言っても、ちゃんと相手は聞いてくれるはずだと思っているから。だから本当はこんなめんどくさいことはやりたくないけれど、労力と精神力を使ってやっている。『言っても仕方がない』と思っている人のほうが、本当は学校を信頼していないと思うんです。それって学校は見捨てられているようなもので、そのほうが悲しいことだと思うんですけれど」

言われてみると、そうかもしれません。筆者もPTA以外のことは、多少「おかしい」と思っても飲み込みがちです。それは学校への期待が薄いからでもあります。

「PTAの話も、おかしな校則の話も、全部同じ気がするんです。学校では、ルールのほうが間違っていても『決まったことだから守るのが正しい』ということになりやすい。でも、ルールってそもそも何のためにあるのかといったら、みんなが幸せに過ごすためなわけですよね。もしそのルールで多くの人が不幸になるのだとしたら、それはもう意味がない。だから、みんなでルールをきちんと考えたいし、おかしなルールがあったら声をあげることはとてもだいじ。そんな思いでやっています」

なお、Dさんは「PTAがなくなってはしいとは特に思わない」と話します。

「保護者のなんらかの団体みたいなものは、むしろあったほうがいいんじゃないかなって思います。学校と保護者が疑問や不満、希望などを本音で話し合うことは必要だと思うので。でも、いまのPTAにそれはできないのでは。お互いが忖度して表面的な同調だけしている関係だったら意味がない。だからまずは、お互いに思っていることや困っていること、本当のことを言える関係になろうよって思います。そこからがスタートですよね」

Dさんは SNSのプロフィールに、こう書いています。「言いたいことは言おう。空気読めてても、腹に力を込め、あえて読まない勇気は大事。沈黙は追認と同じだから」と。大切なことです。筆者もよく、彼女のこの言葉に励まされています。

Case 7 入学説明会で「PTAは任意」と直球質問。入会せず非会員に

【N蔵さんインタビュー】（2021年3月取材）

次に紹介するのは、PTAに「入らない」という選択をしたN蔵さんの話です。N蔵さんは2年前、子どもが小学校に入学しました。昔から「PTAって何?」という疑問を抱

いていたN蔵さんは、自分が親になってみて、やはりＰＴＡには問題点が多いことを改めて確認し、「自分の意思で加入するかどうか判断しよう」と決めていたそう。「自分が正しくないと思っていることを周りに流されてやる」のはいやでしたし、「そんな姿を子どもに見せられない」と思ったからです。

「入会の意思表示はどのようにすればいいですか？」

最初に行動を起こしたのは、入学説明会のときでした。

「手を挙げて『ＰＴＡは当然、入るか入らないか任意ですが、意思表示はどうすればいいですか』と質問しました。他の親にも『ＰＴＡの加入は任意で決められる』ということを知らせておきたかったので。当時の副校長は『入学式のとき入会届を集めますので、ご安心ください』と言ったんですが、その後にＰＴＡ会長が『今のは誤りで、当ＰＴＡでは入会届を配りません』と。副校長先生が、慌てて取り繕っていました（苦笑）」

妻は当初、ＰＴＡに入らないことで母親同士の関係がややこしくなることを心配していたとのこと。でもN蔵さんが「学校やＰＴＡ、他の保護者への対応は全部僕がやるから、やりたいようにさせてほしい」と話すと「しょうがないね」と譲ってくれたそうです。

学校やＰＴＡとのやりとりが始まったのは、入学後１、２か月経ってからでした。その学校のＰＴＡはポイント制を導入しており、ポイント保有数（1年生なので0ポイント）の確認書に署名して提出することを求められたのですが、Ｎ蔵さんとしてはそもそもＰＴＡに入ったつもりがありませんし、当然ポイント制にも参加していません。その旨を記入して提出したところ、副校長先生から電話が。しかし、口頭では意図が伝わりきらなかったため、Ｎ蔵さんは自分の考えを文書にまとめて提出することにしました。

　このとき伝えたのは、以下のような内容です。

・ＰＴＡには加入しておらず、ポイント数の確認も、活動免除の申請もしかねること
・最終的に加入しないと結論した場合には、ＰＴＡ会費の返還を求めざるを得ないこと
・やりたい人がいない活動は廃止し、必須な活動は行政が行うよう働きかけが必要なこと
・非加入世帯の子どもに不利益が生じないようにしてほしいこと
・以上のことがらについて、議論や意見の申し入れをするつもりはないこと

　筆者も見せてもらったのですが、手紙は理路整然と書かれており、且つ相手への配慮も感じる文章でした。こちらのＷｅｂサイト（下のＱＲコード）に公開しているので、必要な方はどうぞ、参考にしてください。

　Ｎ蔵さんは仕事柄、この手の文章を書くことには慣れているそうですが、特に気を付けたのは、こんなポイントだといいます。

「反論の余地がないように、でも感情的にもならず、できるだけ淡々と自分の考えを書き

ました。それから、価値観や評価がわかれるところには絶対ふれない、ということも肝に銘じています。活動の意味や効率、労力と得られるもののバランスなどを言い始めると、それぞれの人の価値観になってしまい、絶対に答えが出ません。ですから『誰がどう見ても、そうとしか考えられない』ということにしかふれないように、書いたつもりです」

Ｎ蔵さんがＰＴＡに加入しないことが確定したのは、この手紙を送った後でした。

「私のほうから『入らない』と伝えたことは、ないんです。私が送った手紙を踏まえ、ＰＴＡ役員と校長・副校長らが協議をした結果、ＰＴＡ側から『Ｎ蔵さんはＰＴＡを抜けるというか、加入していなかった、ということでいかがでしょうか』と提案があり、それを了承した形です」

非会員家庭の子が対象外ならＰＴＡは学校で活動する根拠を失う

その後しばらくは何もなかったのですが、秋頃に再び、副校長先生を通してＰＴＡ会長から連絡がありました。運動会でＰＴＡが子どもたちに配布する記念品の代金（約１５０円）を、指定の口座に振り込むよう求めてきたのです。Ｎ蔵さんもＣａｓｅ６のＤさんと同様、言われた通り振り込みましたが、自分の見解を再び文書にして、副校長先生経由で渡すことにしました。

PTAはすべての子どもを対象にしているからこそ、公共財である学校設備を無償且つ優先的に利用できるのであり、もし会員家庭の子どものみを対象とするなら、単なる会員制の有料サービス団体となり、学校内で活動する根拠を失う。自分がここで実費を負担すれば、PTAは非会員家庭の子どもを対象から除外したことになる――そんな内容です。

「たかが150円程度のことだけれど、原則に立ち返れば『違うでしょ』と言わざるを得ません。実費を払わなければ非会員家庭の子にはあげられない、ということを認めたら、実費が発生しないことも、同じ話になってしまうと思うんです。たとえば『PTAが洗濯したカーテンで、日をよけるな』とか言われかねない。それは見過ごせないなと」

確かにそうなのです。この実費払いを受け入れれば、「子どもは登校班からはずれてもらう」「PTA祭りに参加できなくなる」といったことまで受け入れることになりかねません。だから「安いんだし払えば、いいじゃない」とは言えないのです。

2年目の春にも、ちょっとしたやりとりがありました。なぜかまた、学校徴収金といっしょにPTA会費が引き落とされてしまったのです。

「電話をしたら、副校長先生が『間違えちゃいました!』と平謝りでした（苦笑）。もちろん間違いは誰にもあることなので怒る気はないんですが、疑問なのは、副校長先生のミスでPTA会費が引き落とされる、という点です。PTAと学校で業務委託契約も交わしていないようでしたし、『公務員（副校長）が勤務時間中にPTA会費を取り扱うのは、職務専念義務違反にあたるんじゃないですか』という話はせざるを得ませんでした」

その後、間違って引き落とされたPTA会費は返金されたということです。

この春はもう1つ、登校班についてもやりとりがありました。この学校では4月のみ集団登校を行っており、PTAが班編成を行い名簿をつくっていたのですが、N蔵さんの子どもの名前が、名簿の欄外に書かれていたのです。

「欄外にある名前を見て、他の保護者はどう思うか。『なんで欄外なの？』と聞かれたら、うちの子どもはどう思うのか。『学校として、これを配らせるのはいいと思いますか？』ということは、やはり言わざるを得ないので副校長先生に言ったところ、すぐに新しいものを用意して配ってくれました」

さらにこのとき、「集団登校は誰が主体でやっているものか」を確認したところ「学校が主体となってやっているものを、PTAにお手伝いしてもらっている。だから当然、会員家庭か非会員家庭かにかかわらず、子どもは集団登校してほしい」と言われたそうです。

「副校長先生がわりと理解があるので、ここまで基本的には揉め事にはならず、話を受け取めていただいています。PTA会長とも電話でお話ししたことがありますが、残念ながら問題点を共有できないので、『お考えはよくわかりました、一生懸命頑張ってくださっていることには感謝しますが、かといって、それでうちが考えを改めてPTAに加入することや、活動に参加することはないです』というお話を、淡々としています」

入退会の自由が確保されればＰＴＡは変わるはず

Ｎ蔵さんは「ＰＴＡを変えたいという気持ちは特にない」と話します。

「本当だったら全部の保護者がＰＴＡが任意であることを知っていて、自由な意思で入退会できればいいな、とは思うんですけれど。ただ一方で、ＰＴＡをやりたくないと思っている人は、本当にシンプルな話で、『入会しない』『退会します』のひと言で全部終わると思うんです。そこは確固たる信念をもって『やらないといったら、やらない』と言い切るだけでいい。それをみんながやっていれば、自浄作用でＰＴＡはマシになっていくだろうし、そうでなければ、なくなっていくだろうし。

煎じてみれば、入る・入らないの自由が１００％確保されていれば、すべて解決するんじゃないかと思います。理想論だし、実際そんなにうまくはいかないでしょうけれど」

ＰＴＡがどう変わろうと知ったことではない、と言いながらも、正しい方向に行ってほしい、という気持ちもじわじわと伝わってくる、Ｎ蔵さんのお話でした。

Case 8

一般会員として「総会で突撃」して問題提起

［タロウさんインタビュー］（2021年5月取材）

「総会資料を読み込んで、文科省の資料や地方自治法を調べ、総会で手を挙げて、不透明な会計について質問し、最低限これだけでもやめませんか？　という改善案を出した。次の総会で、また1人でもチャレンジしたい。負の遺産を、これ以上残せません」

この本の取材のために行ったアンケートで、特に「やりますな！」と印象に残ったもののひとつが、この回答です。一般会員としてPTA総会で質問や発言をするのは、筆者も何度も経験していますが、かなり度胸がいるものなのです。

オープンな場で質問することの意味

書いてくれたのは、小学生2人の子をもつ母親、タロウさんです。彼女が総会に出席したのは、2年前の春。3年前も総会に出席したのですが、このときは「なぜ拍手で議案が成立？　誰かが拍手の音量をはかっているのか？」等々、あまりに謎が多すぎて、何も発言できなかったのだそう。１年かけて多少整理がついたので、一昨年はついに「誰も手を挙げないところに、１人で手を挙げて、質問しまくった」のでした。

たとえば、こんな内容です。

「会議や行事の参加者に出すペットボトルのお茶は不要では？　保護者の誰かが何十本も事前に運び入れていると思うと、申し訳ない。自分でもってきてもらえば済むのでは？」

担当者はこれに「検討します」と回答してくれたものの、その後収支報告を確認したところ、一部でお茶出しは続いていた様子。ただし、過去にお茶出しを担当した母親からは、「あのとき、言ってくれてありがとう」とお礼を言われたそう。

「『一人一役』は、子どもをたくさん育てて頑張っている人への罰ゲームのよう。お願いする立場の方もお辛いと思うので、自由参加にしてはどうか？」

これに対しては、「必ずやらなければいけないというわけではない」という、ちょっとあいまいな回答でしたが、その後、２つの委員の廃止が決まったそう。ただし、一人一役はまだ解消されそうにない、ということです。

「昨年の総会も、聞きたいことを用意していたので、知り合いにも『ちょっとしたショーになるので、総会に参加してね！』と声をかけていたんですけれど、コロナで総会が開催されませんでした。今年（２０２１年）も同様です。

個人で問い合わせて、見えないところで回答をもらう形では、会員みんなの利益にならないので、今後も『総会で突撃』のストロングスタイルで行きたいと思っています。ただし、基本はマイルドに。『ここにいる方は、皆さん○○でしょうから』『みなさん律儀なので』など、気を付けてコミュニケーションをとっています」

ストロングスタイル、見事です。筆者は正直、総会で期待されない発言をするときのアウェー感に弱いので、タロウさんのように軽やかにできる人を、心底尊敬してしまいます。

「たった1人でもこれを繰り返していくことで、同じように質問をする人が増えたり、質問を事前通告する形に変わったりするかもしれません。人前で話すことが苦手な人には、事前通告方式のほうがいいかもしれないですね」

その後タロウさんは、下の子の入学説明会でも、こんなやりとりをしたそうです。

「配布されたプリントに、はっきりと『入学したらPTAに入っていただくことになっている』と書かれていたため、手を挙げて『PTAは任意加入で、自動入会は成立するはずがないので、入会届と退会届を作成してください』と言いました。会長は『強制するわけではないので、入会できない方は私に連絡してください』と、いつも通りのお答えでしたが、説明会終了後の雑談では、他の保護者から『任意なのは知らなかった』『上の子のときには気付かなかった』などの声が上がっていました」

あえて退会もせず、一般会員として働きかける

　しかしまあ、なぜタロウさんはこのような働きかけを続けるのか。ここまでやるなら、本部役員になって改革しようとは思わないのか？　尋ねてみると、こんな答えが。

「保育園のときは7、8年、いわゆる本部役員をやっていました。無理・無駄な活動はなく、一人一役なんていうルールもなく、『協力してくれる方は誰でもウェルカム』な会です。活動のメインは園と保護者の意見交換で、要望を聞き入れてもらい実際に変わっていくところも多く、非常に機能的でした。その後に小学校のPTAを経験したので、ギャップが大きくて、昭和にタイムスリップしたかと思ったくらいです。

　いまのPTAは、本部役員をやるにはクラス委員か副委員を経験していなければならないルールなんですが、『低学年で委員をやったほうがいい』という都市伝説のおかげで、私にまわってきたことがないんです」

　なるほど、委員を一度もやれていないので、本部役員にはなりたくてもなれない、ということでした。立候補しても役員になれなかった筆者と、似たようなものです。

「いちおう『他にやる人がいなかったら本部役員やります』とアンケートに書いているんですが、『落選のお知らせ』みたいなプリントが返ってくるので、付き合ってもいない人にフラれたような気分になります（笑）。とりあえず一般会員としてどこまでやれるか確

かめたいし、このまま6年まで役員も委員もやらなかったとき何が起きるのか体験してみたいので、PTAがお困りでない限りは、あと3年何も役はやらない予定です（笑）」

いろんなスタイルがあるものだ、としみじみしてしまいます。

それにしても。退会するでもなく、一般会員として発言を続けるというのも、意外と険しいルートです。筆者もやってきたことではありますが、タロウさんは、なぜ続けられるのでしょうか？

「自分なりの関わり方をしている理由は、こんな感じです。

1．法的な問題も人権も気にしない団体を、教員、管理職も放置していることへの危機感。そういう人たちに毎日子どもを預けなければならないなか、リスクを解消したい。

2．もともと正義感はわりと強い。ノブレスオブリージュとは少し違うけれど、この土地にしがらみがなく、社会的に余力や忍耐力がある私のようなタイプの親が担うべきポジションがあると思うので。メンタルもまあまあ強いし……。

3．PTAも結局はほとんど女性で、シングル、非正規雇用など、弱者に負担を強いる構造。不平等なのに『平等』と言っている状況が許せない。その異様な世界が子どもたちからも丸見えで、悪影響を与えるのは困ると感じた。

4．自分の後から入ってくる保護者たち、あとに続く人のために、少しでも楽な世界を、半径数メートルだけでもつくりたい」

なんとかもう少し、今よりいい世界にしたい。そんなタロウさんの思いに、筆者もとても共感します。こんな人が増えたら、ＰＴＡもちょっとずつ変わっていけそうです。

【アンケートより】

「一般会員・非会員としてこんなことしました！」

「退会規約をつくってほしい」とお願いしたが却下されたので、退会という既成事実をつくるべく、先駆けて退会者になった。（わをんさん）

学校からＰＴＡに保護者の同意なしで個人情報が渡されていることから、教育委員会と役所の個人情報管理部署（総務課）へ苦情を申し入れた。「オプトアウト手法を用いれば問題ない」と言われたが、当自治体の個人情報保護条例にオプトアウト規定はない。半年以上かけてやりとりした結果、ようやく第三者提供はＮＧと認められた。校長とも話をして、今後ＰＴＡは学校から個人情報の提供を受けるのではなく、ＰＴＡ自身が入会届から個人情報を得る方法に変えるといううれしい流れに。なお、総務課は初動はよかったが、途中で教育委員会から圧力がかかった様子。察してほしい、と言われた。（じじいさん）

学童保護者の集会で、共働き世帯が参加しやすいシステムをつくってほしいという要望書をとりまとめ、ＰＴＡ総会で提出した。（グレースさん）

自動強制加入で個人情報の取扱いに問題があったため、非加入確認書を提出し、ＰＴＡと話し合いの場を設け問題を指摘したところ、入会届のような書式が一部整備された。（れおさん）

今委員長をやっている委員会のＬＩＮＥグループで、ＰＴＡは任意加入の団体であること、活動内容を見直したほうがいいという意見を投げてみた。（ななしさん）

以前、本部役員だった友人らが、参加しない人が責められないように保護者会を改革した。数年後「やはり強制が必要」という声が上がったので、「強制しないのは役員を含む保護者みんなのため。そのままやりましょう」と発言して逆戻りを止めた。（Ｈさん）

第7章 PTA改革虎の巻② ～一般会員・非会員編～

この章では、会長や役員さんではない、いわゆる「ヒラ」の一般会員や、非加入を選択する人が、ＰＴＡの改革・適正化を促すときのポイントや注意点をまとめてみました。

具体的に伝えることとしては、たとえば次のような要望が考えられるでしょう。

- **入退会の仕組みや会則を整えること**
- **入会届の整備／加入意思を確認すること**
- **入学説明会や入学式のときに「加入は任意である」と説明すること**
- **個人情報を正しく取り扱うこと／ＰＴＡに名簿を無断で使わせないこと**
- **加入意思の確認をしないまま、会費を徴収、引き落とししないこと**
- **会員に活動への参加を強制しないこと**
- **非会員家庭の子どもも含め、その学校に通うすべての子どもを対象に活動すること**

意見を伝えるときのポイント

伝える相手は、なるべく校長先生がいいかと思います。会長さんでもよいですが、保護者なので、任意団体の運営について正しい知識をもたない人もときどきいますし、保護者同士でぶつかることは、なるべく避けたいものです。そもそも、連絡先を公表していない

ＰＴＡも多いので、会長や役員さんに直接連絡をとることは難しいかもしれません。

特に、子どもが入学したばかりで入会届を出していない（配られていない）人は、校長先生に伝えるのが妥当でしょう。まだＰＴＡ会員ではないと考えられるからです。もし入会届を出していないのに会員として扱われているなら、それは校長先生が、学校がもつ名簿（個人情報）をＰＴＡに使わせている、またはＰＴＡの使用を黙認しているためであり、つまり校長の不適切な行為（自治体の個人情報保護条例に反する）が原因です。

伝える方法は文書か、文書と対面の併用がおすすめです。一度くらいは直接話したほうが、誤解が生じにくく、話がスムーズになるのではないかと思いますが、ケースバイケースで対応を。このとき校長先生に、巻末で紹介する、教育委員会が出した通知や手引きを見てもらうと、より話が通じやすくなるかもしれません。読んでおしまい、ということにされないよう、なるべく文書で回答を求め、ある程度余裕のある期限を添えましょう。

伝える相手は、教頭先生でもよいのですが、最終的な判断をできるのは校長先生なので、最初から校長先生と話すほうが、おそらく早いかと思います。

なお、自動強制加入のＰＴＡで「そもそもＰＴＡに入っていない」と伝えるときは、退会届を出さないでください。以前ある裁判で、保護者が退会届を提出したことが「ＰＴＡに入っていた」と認定される根拠の１つとされてしまったからです。

１点、筆者からのお願いですが、会長・役員さんや管理職の先生とやりとりするときは、どうか、喧嘩腰で挑まないでもらえたらと思います。一般社会の常識からすると「なんじゃこりゃ!?」と思うようなことでも、PTAや学校では「当たり前」のこととして、何十年も引き継がれてきたことだったりするので、現任の役員さんや先生だけを責めるのは、気の毒なところがあります。それに、改革・改善途上のPTAも意外と多いのです。なるべく淡々と問題を指摘して、あとの判断は相手に委ねる、というくらいがよいのではないかな、と思います。

PTAの改革・適正化はいつ促してもかまいません。ただし、子どもが入学したばかりで、まだPTAに入っていない（入会届を出していない）ときと、既にPTA会員として会費を納めたり活動したりしてきた場合とで、できることは異なるので、以下、シチュエーションごとに考えていきたいと思います。

子どもが新入生で、まだ入会届を出していない場合

◉入学説明会のときに任意加入を確認する

入学説明会で、PTAの加入が任意であることの説明や、加入方法の説明がなかったときは、その場でPTAの加入は任意であることを確認しつつ、加入手続きの方法について

尋ね、入会届の整備を促すのもよいでしょう。他の保護者の人たちにもPTAが任意加入であることを知らせることができます。

入学前なので、周囲の人たちと面識がない分、PTA総会よりは発言しやすいと思いますが、人前が苦手な人は、配偶者などに頼むのもよいでしょう。

大勢の保護者がいる手前、少なくとも管理職の先生は、「任意加入ではない」とは言えないはずです。

気を付けたいのが、質問のタイミングです。入学説明会では、PTAのことや、加入方法について説明がないかもしれず、「いつ質問したらいいのかな？」と迷っている間に、会が終わってしまうことがあります。

Case7で紹介したN蔵さんも、入学説明会の進行表にPTAの話が書かれていなかったため、いつ発言するか迷ったそうですが、学校徴収金の引き落としの説明の際、PTA会費もいっしょに引き落とすという話があったので、そのときに質問をしたということでした。説明会が終わる前に、どこかで思い切って手を挙げましょう。

◉会費の支払いを求められたら

入会届を出していないのに、学校がPTA会費の集金袋（児童生徒の名前入り）を配ったり、会費を勝手に引き落としたりしたときは、「PTAに加入した覚えがない」「引き落としに同意した覚えがない」ということを、校長先生にお手紙などで伝え、入会届を配布することや、引き落としの同意書をとることを求めてもいいでしょう。

この場合はおそらく、学校に伝えた銀行口座や、学校が管理する児童生徒の名前が、PTA会費を徴収するため無断流用されているので、個人情報の取扱いが不適切です。

もしPTAに入らない予定なら、この時点で「入らない」と伝えてもいいですし、あるいは事前に、会費を勝手に引き落とさないよう伝えておいてもいいでしょう。加入を検討中であれば、このときに会費の使途（決算書）などの確認を求めるのもいいと思います。

◉クラス役員決め（活動）に参加しない

クラス役員決めについても、入会届を出していないのに参加を求められた場合は、「PTAに加入した覚えがないので出席しかねる」と伝え、校長先生に入会届の配布を求めるといいかもしれません。「希望しない人に活動を強制しないでほしい」または「活動が強制なら加入しない」と伝えるのもいいでしょう。

タイミングはいくつか考えられます。どの委員をやるかという調査票（アンケート）が配られた場合は、その提出時でもいいですし、あるいは「入学式や保護者会の後にクラス役員決めをします」というお知らせを受け取ったときに伝えてもいいと思います。

いずれにせよ、加入前なので、PTAでなく校長先生にお手紙等で伝えればいいでしょう。調査票に記入して提出するだけだと見落とされてしまうことがあるので（筆者が経験済みです）、別の紙に用件を書き、「校長先生宛て」と明記するのがおすすめです。

当日に言いだすのは、できれば避けたほうがよいと思います。クラス役員決めが始まってから、特にクジやじゃんけんで役にあたってから「ＰＴＡに入っていない」と言うと、おそらくまず揉めます。役員決めが始まる前に退席しましょう。

もし後で、先生や役員さんから電話で委員をやるように求められた場合は、電話番号をどこから入手したか確認を。学校からとしか考えられませんが、もし学校がＰＴＡに個人情報を提供することについて、あなたが同意していないのであれば、学校の個人情報の取扱いが不適切です。後日、校長先生に連絡をして、改善を求めるのがよいかと思います。

なお、ＰＴＡに入らない予定ならそのままでよいのですが、もし「クラス役員をしなくてよいならＰＴＡに入りたい」と考えている場合は、その旨も伝えましょう。

ちなみに筆者は、「入会届を整備してもらえるなら、なんでもやります」と調査票に記入して提出したところ、前半が見落とされて「なんでもやります」だけ採用され、クラス役員になったことがあります。ただし、その後も校長先生や役員さんとやりとりを続けた結果、翌年には入会届を整備してもらうことができました。

既にPTA会員となっている場合

◉手紙で疑問や意見を伝える

子どもが在校生の場合、または新入生でも、既に会費を納めたり活動に参加したりしているときは、「PTAに入っていません」とは言いづらいところがあります（入会届がないPTAなら、言ってもいいとは思いますが）。その意味で、改革・適正化を求めるのはいつでもよいわけですが、新学期前後は、管理職の先生も役員の保護者も忙しいので、可能なら避けたほうがいいかもしれません。

伝える方法は、校長先生と会長さんに、同じ手紙を送るのがよいかと思います。巻末で紹介する、教育委員会やP連が出した手引きや通知を添えるのもおすすめです。学校評価アンケートや、PTAからのアンケートに意見を記入することもできます。

◉PTA総会で発言する

校長先生や会長さんに手紙などで要望を伝えるだけでなく、可能なら、PTA総会に出席して、改革・適正化を求めるのもいいと思います。というのは、手紙や文書だけだと、他の人たちに問題が共有されづらいからです。総会の場で発言すれば、いろんな保護者や教職員に聞いてもらえますし、そのときは改善がなかったとしても、その場にいる誰かが覚えていて、何年か後に動いてくれる可能性もあります。

文書に考えをまとめて、総会のとき、みんなに配布するのもいいでしょう。おそらくその場で結論が出ることではないので、総会では問題提起にとどめ、期限を区切って、会長や校長先生に回答を求めると、シンプルに進みます。

難しいのが、やはり発言のタイミングです。総会は基本的に「例年通り」に行われる前提なので、出席者からの発言や提案は、あまり想定されていません。事業や決算に関する質問を受け付ける時間はあっても、それ以外のこと――たとえば「意思確認が必要だから、入会届を配ってほしい」とか「必ず〇人という委員決めをやめて、手挙げ方式にしてほしい」といった運営の適正化については、発言のタイミングが見当たらないことが多いのです。そのため「いつ言おう？」と思っていると、そのまま終わってしまいがちです。

終わる寸前に「ちょっと待った！」と手を挙げるのもいいですが（私はやむを得ずやったことがありますが）、できれば事前に会長や役員さんに相談して、発言のタイミングを用意してもらうとよいでしょう（それを忘れられてしまったのですが……）。

Ｃａｓｅ８で紹介したタロウさんも「ストロングスタイル」と言っていたように、誰にでもできる方法ではないかもしれません。筆者自身も、毎年のように一般会員として総会で適正化を求めてきましたが、「めんどくさい保護者」という視線や空気（気のせいも含め）には、いまだに決して慣れません。でももし「面白そうだ」と思った方は、ぜひ、チャレンジしてみてもらえたらと思います。

なお、ＰＴＡ総会のおたよりは、よく「欠席する場合、委任状を提出」とのみ書かれていますが、委任せず欠席する場合は提出不要です。欠席のみ伝えたい場合や、記載された委任者以外の人に委任したい場合は、そのように書き入れて提出してもいいでしょう。

◉退会したってかまわない

これまでＰＴＡは「全員必ず入る」ことを前提にしてきたため、なかなか変わることができませんでした。どれほど運営方法に問題があっても、泣く人が出ても、会員が減らなかったからです。保護者や教職員が「賛同できなければやめる、または入らない」という選択をすることは、ＰＴＡの改革・適正化を促すためにも、大切なことです。

退会は、いつでも可能です。希望しないのに役員にされたときでも、集まりに欠席した友人が悪口を言われたときでも、どんなタイミングでもかまいません。会長さんか校長先生、または両方に退会届を出すなどして、退会の意思を伝えましょう。稀に会長が「退会できない」と言うことがありますが、少なくとも校長は、ＰＴＡが任意で参加する団体であることを知っていますから、退会を認めざるを得ないはずです。

もし「記念品をあげない」「登校班からはずれてもらう」など、子どもへの不利益を提示されたときは、Ｃａｓｅ６で紹介したＤさんのように、なるべく書面やメールで、校長先生&会長とやりとりするのがいいでしょう。自分も「仕方なく我慢してやっている」という会長や役員さんは、感情的に非会員を敵視してしまうことがありますが、ＰＴＡという団体が学校施設を優先的に使うことを認めている校長は、非会員家庭の子どもの排除を止めなければならない立場です。大体の場合、校長先生が会長や役員さんにその旨を説明すれば、子どもへの不利益は起きないはずです。

ただ、うまくいかないこともあります。ときどき、校長まで非会員家庭の子どもの排除を認めてしまうことがあるのです。そのときは教育委員会に相談して、校長先生に話をしてもらう必要がありますが、教育委員会も稀に、校長と同様、非会員家庭の子どもの排除を認めてしまう場合があります（「教育委員会からは指導できない」という言い方をされることが多いのですが）。

こうなるともう、あとは粘り強く話し合うくらいしか、できることはないでしょう。巻末で紹介する、教育委員会の手引きや通知を見せるのもおすすめです。もし、子どもの「いじめ」につながるような場合には、文部科学省に相談してください。

◉会長や役員になるよう頼まれたらチャンス!?

本部役員の選考であなたの名前があがり、「会長（役員）になってほしい」と頼まれたときはチャンスかもしれません。他の役員さんや管理職の先生は「お願いする立場」になるので、あなたが改革・適正化の提案をしたときに、通りやすい可能性があります。

改革を提案するタイミングは、状況を見て判断するのがいいでしょう。最初に「PTAをこんなふうに変えていきたい、それでよければ」といったふうに、改革を条件に役を引き受けられると一番やりやすいですが、もしかするとその時点で、候補からはずされる可能性もあります。「改革したがる保護者」は、立候補する保護者（P50参照）以上に警戒される傾向があるからです。そういったときは、会長や役員になり、管理職の先生や周囲の役員さんとある程度信頼関係を築いてから、提案するのがベターかもしれません。

個人情報の取扱いについては、まず校長に

個人情報の取扱いの問題については、まずは校長先生に指摘し、改善を求めるのがいいと思います。何度も説明してきたように、そもそも正しく管理すべき個人情報を不適切な形でPTAに使わせているのは学校だからです。話をする際はあらかじめ、個人情報保護法や、自治体の個人情報保護条例に目を通しておきましょう。

ただし、たまに「当自治体では、PTAへの個人情報の提供は特別に認められている」と言い出す校長先生がいます。そういったときは教育委員会から校長先生に話してもらう必要がありますが、こういう校長先生がいる自治体は、教育委員会も同じことを言う可能性

性が大です。教育委員会もダメなときは、自治体の個人情報保護を管轄する部署（総務課）に相談してください。ここで「やっと、初めて話が通じた！」となることは、意外とよくあります。教育委員会に対し、正しい情報の取扱いを促してもらいましょう。

ただ、残念なことに、この部署にも教育委員会から圧力がかかり、話がひっくり返ってしまうことがあります。こうなるとあとは、粘り強く話し合うのみです。他の教育委員会が出した手引き（巻末）の、個人情報の取扱いの項目を見てもらい、それでもダメなら、地元の議員さんに相談するのもよいかもしれません。

もしそれでも改善がない場合は、学校ではなく、ＰＴＡの側の個人情報の取扱いの問題に踏み込むしかないでしょう。そのときは、個人情報保護委員会（ＰＰＣ）という行政機関に相談することも可能です。相談の際は、ＰＴＡは学校と別の団体であることを最初に伝えておきましょう（ときどき知らない方がいます）。

なお、教育委員会等に「校長先生に対して、個人情報を適切に扱うよう指導してほしい」と相談すると、「任意の団体であるＰＴＡに対して、行政は指導できない」と言われることが多々あります。ＰＴＡではなく「校長先生に指導してほしい」、とこちらは言っているのですが……。この回答には、筆者も納得しかねるところです。

＊＊＊

一般会員や非会員の立場からPTAの改革・適正化を促す方法として、筆者が思いつくのは、ひとまずこんなところです。なお、ここでは保護者のことしかふれませんでしたが、教職員の人たちも、可能であればぜひ声をあげてもらえたらと思います。「PTAに入りません」「退会します」と言ったって、もちろんよいのです。

ときどき「PTAを変えたいなら、役員になって自分で変えろ」という声を聞きますが、誰もが役員になれるわけではありませんし、誰もがそこに時間や労力を費やせるわけでもありません。「政治に不満があるなら、議員になって自分で変えろ」と言われたら、「いや、そこまではちょっと」と困惑する人が多いと思いますが、それと同様でしょう。

もちろん、これまでPTAが長年引き継いできたやり方について、今の役員さんたちを責めるべきではありませんが、少なくとも「おかしい」と感じたときに声をあげることは、むしろすべての人に求められる責務のようなものではないかと思います。

「おかしい」と思いながらも黙って従えば、そのやり方を認めることになります。「おかしい」と感じたことを「おかしい」と言えることが、PTAが変わるための、最初の一歩になるはずです。

PTA改革・適正化の参考になる書籍やインタビュー（一部）

・『PTA再活用論』川端裕人　中公新書ラクレ

・『PTAのトリセツ』今関明子・福本靖　世論社

・『“町内会”は義務ですか？』紙屋高雪　小学館新書

・『PTA、やらなきゃダメですか？』山本浩資　小学館新書

・『PTAモヤモヤの正体』堀内京子　筑摩選書

・『PTAをけっこうラクにたのしくする本』
『PTAがやっぱりコワい人のための本』
大塚玲子　太郎次郎社エディタス

・SYNODOS（Webサイト）「どこからがアウト？　法律からみたPTA——憲法学者・木村草太さんに聞く」

おわりに

今のＰＴＡに問題を感じ、なんとか「変えたい」と思う人に必要な情報を、この1冊に全部詰め込みたい。図々しくも、そんな思いで原稿を書き上げました。足りないところはあるでしょうが、ずっと書いているわけにもいきません、ここらへんで世に放ちます。

1点、添えておきたいことがあります。今回、ＰＴＡ改革・適正化の事例として紹介した人たちは、女性ばかりでした（Ｃａｓｅ7のＮ蔵さんを除く）。これには理由があります。

ひとつは、筆者の反省から。以前筆者はＰＴＡの改革例として、男性会長の話ばかりを取り上げてきました。単に女性会長の改革事例を見つけられなかったせいもあるのですが（そもそも会長の女性比率は現状でもたった15％なのです）、バランスが悪すぎました。ここ2、3年で、女性会長や役員さんの改革例がかなり増えてきたこともあり、今回はあえて、女性に偏らせてもらいました。

もうひとつは、女の人たちへの「変わってほしい」という気持ちからです。Ｐ

TA問題がこじれているのは、どうもやはり女たちの「よき母親であらねば」という呪縛のせいも大きそうです。「よき母親」とは子どもにとってのそれでなく、世間や周囲が評価するそれです。実体のない幻の「よき母親」になるべく、母親たちはなぜか、自分にもよその母親にも厳しくなりがちです。どうか解き放たれましょうよ（自分も含めて）、という気持ちを込めた面もあります。

ですから、男性の改革がダメだと思っているわけでは、もちろん全くないのです。誰かが泣く状況を見かねて、改革・適正化を頑張るお父さんたち、みんな最高です。

掘り下げきれなかったことも、いくつかあります。ひとつはPTAの「T」問題です。P68で書いたように、現状のPTAでの教職員の立場はかなりおかしなところがあるのですが、この本ではこれといった解決策は示せませんでした。今後の課題です。

また、PとTが協力するより前に、もっとP同士がつながる必要性も感じています。保護者同士が意見交換できる仕組みがあってこそ、保護者と学校の関係も、より深めていけるのでは。この辺りも、引き続き考えていきたいところです。

今PTAは、新型コロナの流行を機に、イレギュラーな状況に置かれています。「例年通り」の活動が、軒並みストップ。学校行事もほとんどなくなり、保護者たちは「何もしないPTA」を経験することになりました。

「意外と、問題なかった」というのが、多くの保護者の実感だったようです。PTAは「例年通り」に活動しなければいけないし、そうしないと大変なことになると思われてきましたが、それが実は「ただの思い込み」だったことに、保護者たちはようやく気付きつつあります。

おそらく、コロナが収束すれば、かつての「例年通り」に戻るPTAも多いでしょう。でもこれを機に、オンライン化を進めるなど、新しいやり方を始めたPTAも増えています。何年か後に改革を始めるPTAも、少なからず出てくることを、祈っています。

この本の取材やアンケートに協力してくれた皆さま、そしてこれまでPTAの問題をなんとかしたいと考え、声をあげ、行動してきたすべての方に、深く感謝します。

なかでも、当初はこの本と同じ時期にPTAの本を出すはずだった、友人の石原慎子さん。闘病の末、6月にこの世を離れてしまったけれど、慎子さんの本も必ず完成させるので、ちょっと待っててくださいね。

本当は、ほか何十人も取材したい方、紹介したい方がいましたが、お話をうかがいきれなかったこと、掲載しきれなかったこと、お許しください。

今回筆者に声をかけてくれた編集担当の小林裕子さんの情熱とサポート、決して忘れません。おぐらなおみさんには、的確で、愛ある漫画を描いていただきました。司法書士の泉 純平さん、ＰＴＡ適正化実行委員会の井上哲也さんには、それぞれ専門的な事柄について、筆者の質問に根気よく答えてもらいました。

ほか、この本の制作・販売・宣伝にかかわってくれたすべての方、この本を読んでくれたすべての方に、お礼申し上げます。

コロナ禍2年目となる２０２１年9月　大塚玲子

各地の教育委員会やＰ連発行の手引き・通知

他にも、こんな手引きや通知もあります。
内容はQRコードからご確認を。

●奈良市ＰＴＡ連合会「ＰＴＡ運営の手引き」
「これからのＰＴＡ活動のあり方」を「本来ＰＴＡは教師と保護者の話し合いの場、学びの場」と定義。寄付採納の手続きや、公費と私費の負担区分基準（大阪府）等を掲載。

●川崎市ＰＴＡ連絡協議会
「ＰＴＡ活動における適正化・活性化ガイドライン」

ＰＴＡ非加入世帯の児童・生徒への対応について詳細に提示。ＩＴ活用や情報交換・購入品決裁等にも言及。市内の改善例も紹介。

●川西市ＰＴＡあり方検討会　中間報告
２０１９年度に市教育委員会が設置した「ＰＴＡあり方検討会」の中間報告です。

●横須賀市ＰＴＡ協議会「任意加入Ｑ＆Ａ」
役員さんが判断に迷いがちなことを、Ｑ＆Ａ方式で掲載しています。

●教育委員会の通知
（さいたま市、埼玉県、熊本市、大津市、杵築市）
各教育委員会から出された通知の紹介記事です。

※上記ＱＲコードは2021年9月時点の情報をもとに作成したものです。サイトの変更などにより、ご覧いただけなくなる場合もありますのでご了承ください。

報の問題」、「（5）会費の学校園徴収金との引落しの問題」は氷解します（問題になりません）。

また、校園長のリーダーシップにより、ＰＴＡ役員との懇談などの機会を通じて、「（2）役員の強制の問題」や「（3）ＰＴＡ事業や事務の見直し」などについても、これまでの経験に基づいて、事例を紹介したり、解決案をご示唆いただいたりすることで、解決へ導くことができると考えております。

終わりに

ＰＴＡ 活動の課題を解決しようとした学校があります。

それは愛知県豊田市浄水中学校です。2014 年にこの中学校に赴任した片桐校長は、負担軽減し誰もが参加したいと思えるＰＴＡ組織にすることと、会費をなくすことに取り組まれました。その結果、「ＰＴＡ」と地域学校協働本部とを重ね合わせた「ＰＴＣＡ」（Parent-Teacher-Community Association）として新たな取り組みをされました。

また、西東京市のけやき小学校では学校の統合により、元々のＰＴＡ活動方針が大きく異なり調整できず、ＰＴＡがなくなってしまいましたが、学校運営に何の支障もなく、保護者の負担も無くなりいいこと尽くめに思えました。しかし16 年後には、保護者の声により「保護者の会」が生まれ、自主的・主体的な活動を展開されています。

教育委員会としては、ＰＴＡは学校園運営に必要欠くべからざる団体であり、園児、児童生徒の教育環境の整備に大変重要な活動であると認識しています。ですから、適正な事務の執行と会員の皆様が気持ちよく関わりあえる環境を整えるためには、時代に合った改革が必要だと考えております。

そして、その鍵となり推進役となるのが校園長のリーダーシップであると考えておりますので、より一層のご尽力を賜りますようお願いいたします。

発 行：大津市教育委員会
編 集：大津市教育委員会事務局 生涯学習課
所 管：個人情報保護関係 教育総務課、ＰＴＡ関係全般 生涯学習課、
学校徴収金関係 学校教育課、幼児政策課
発行日：平成30年10月

A会費から出されますが、もちろん、ＰＴＡ会費は「学校園に通うすべての子どもたち」のために使われるものですので、ＰＴＡ会費を支払っていない保護者の子どもであっても証書入れの筒や胸につけるリボン、学用品を受け取れない、ということはありません。

２）ＰＴＡ の必要性の説明

最近のマスコミ報道では、「ＰＴＡは悪」といったイメージが先行しているように思えます。確かに時代に合わせた変化が求められるのは当然ですが、本来は子どもたちの福利のために自発的に行われる活動です。従って、目的は間違っていないのですから、全面的に非難されるべきものではなく、そのやり方を変えればいいのではないでしょうか。まずは、ＰＴＡの必要性や活動の有効性などを全ての会員に知らせることが必要です。また、ＰＴＡ活動のメリットなども打ち出すことで、新たな役員獲得のためのＰＲも必要です。

３．提言

そもそもの話ですが、ＰＴＡ問題について様々な問題が提起されていますが、その根本は、会の任意性の問題であると考えます。この部分がしっかり解決できると、様々な課題も解決に向け動き出します。全てのＰＴＡがこの立場に立ってあるべきＰＴＡ活動を考える機会としていただきたいと思います。その中で、課題解決のためのＰＴＡ運営について提言をさせていただきます。

１．入学・入園説明会のＰＴＡ活動についての説明

（１）ＰＴＡ活動の目的、内容、必要性、組織、役員
（２）入会の手続き、退会の手続き
（３）会費、会費の納入時期や方法

２．入会届の提出

（１）入会の意思表示
（２）住所、氏名、子どもの名前や学年クラスなど
（３）会費の納入方法などの同意、口座引落の依頼書

この２点を徹底することによって、「（１）強制加入の問題」、「（４）個人情

主導して行った場合には、関係法令に違反する可能性があります。

④ 想定される対応策

レベル2 :【必要な予算は市で確保】

学校園運営に関し必要な物品は、市の予算で措置します。

レベル1 :【ルールに基づいた事務手続き】

ＰＴＡとして、卒業などの機会に、子どものより良い教育環境を整えるために、学校園が要求することなく善意により記念として寄付を頂く場合は、寄付採納の処理を行います。ＰＴＡは、会計規程をしっかりと作成し、また、その使途を詳細にしっかりと会員に説明してもらいます。

レベル0 :【学校園がＰＴＡに依頼】

学校園が寄付という形をとりながら、備品購入等をＰＴＡにお願いしています。

レベル▲(マイナス) :【寄付などの手続きの不備】

寄付採納の手続きをしていません。また、ＰＴＡ会費で修繕工事をするなど所管所属に相談や報告をすることなく行っています。

《補足》ＰＴＡ会費を当てにして学校園の備品購入や修繕工事等を行っていることは認められるものではありません。あくまでも善意による寄付に限定すべきで、双方が節度を持って対応すべき問題と考えます。

※ＰＴＡから学校園に対し自発的な寄付(金銭・物件)を行うことは禁止されていませんが、この場合には、その受納に当たって、大津市が定める関係規程に従い、寄附採納の手続きをとる必要があります。

（7）その他

1）ＰＴＡ未加入者の子どもへの教育的配慮

ＰＴＡは『Parent-Teacher Association（保護者と教職員による会）』の略ですから、子どもとは無関係な組織です。つまり、ＰＴＡ活動は、学校園に通うすべての子どもたちの福利のために保護者と教師が自発的に行う活動であって、ＰＴＡ会員の子どもたちの福利のために行われる活動ではありません。

従って、入園・入学式や修了・卒業式などでは、ＰＴＡから紅白まんじゅうや学用品が各児童生徒に贈呈されることがあります。これらの費用はＰＴ

レベル▲(マイナス)：【委託契約が未締結】

任意の団体であるＰＴＡの事務を学校園が肩代わりすることから、委託契約は絶対に必要です。契約の無い学校園は職務専念義務違反を問われる可能性があります。加えて、既に委託契約書の例を示して通知しており、職務命令違反を問われる可能性もあります。

《補足》この問題は、前述のとおり学校園事務として任意の団体の会費を徴収する問題と会員の同意の問題の2点の問題があります。

会員の会費納入の手法に対する同意の取得はＰＴＡ の責務です。そのうえで、ＰＴＡからの申し出により、委託契約（契約書による）を締結して事務を行う必要があります。当然のことながら、会費の額や納入方法については、入会時までに会員となる予定の人に説明した上で、入会してもらうことは当然のことです。

また、委託契約については書面による契約の締結が絶対条件です。これがないと、職務専念義務違反に問われる可能性があります。

しかしながら、根本的に任意の団体の事務を学校園が取り扱うことについての疑義が生じる可能性はあります。

なお、委任事項は、会費の集金業務と督促業務に限定し、本来PTA が行うべき業務を受任してはいけません。

（6）会費使途不透明の問題

① 概要

寄付については、学校園で必要な備品を購入したり、また、謝礼を教職員に渡したり、会食費として使用されている場合もあるようです。

② 現時点の対応

現在は寄付という手続きを経ているものについては、問題ないと考えていますが、不適切な事案もあります。学校園運営に関わる経費については、当然に地方公共団体が負担することは、学校教育法や地方財政法で定められています。実態を把握し適切に対処します。

③ 学校園側のリスク

使途については、教職員が参加する総会において、会計報告、予算説明等が行われていますので、明朗で明確な説明責任が果たされるよう適切な助言が必要です。備品等の寄付については、実態として学校園側が学校園徴収金に合わせて会費の引落しをしています。

その中には、銀行へ提出する口座引落依頼書に「ＰＴＡ会費」という項目があることをもって、同意を得たとしている学校園が多くあり、また、学年通信等で事後に口座から引落し徴収金の明細にＰＴＡ会費を明記しているという学校園があります。

③ 学校園側のリスク

ここでは大きく２点のことを整理する必要があります。

１点目は、任意の団体であるＰＴＡの事務を学校園が肩代わりするという問題と、２点目は、会費の納入に係る本人同意の問題です。

１点目の任意の団体であるＰＴＡの事務を学校園が肩代わりするという問題については、既に委託契約書の例を示して通知しており、契約の無い学校園は本来の業務外の仕事を勤務時間内に行っていることになり、職務専念義務違反を問われる可能性があります。

２点目の会費の納入に係る本人同意の問題については、本来的にＰＴＡが会員からの同意を取得すべきものです。学校園は、その結果に基づいたＰＴＡとの間で交わす委任契約に基づき、学校園徴収金に併せて徴収事務を代行しているに過ぎないのですから、学校園が同意を取得する必要はありません。

④ 想定される対応策

レベル２ :【会費はＰＴＡが直接徴収】

ＰＴＡ会長等が会員から口座引落しなど独自の手段で会費を徴収します。その前提として、入会時に会費の額や納入方法について事前に説明したうえで同意し入会するという入会届を取得します。

レベル１ :【会費を学校園徴収金に合わせて徴収】

入会等において、ＰＴＡ会長等からしっかりと会費額やその徴収方法について説明し、同意を得たうえで入会してもらいます。同意できない場合には、不同意の申し出をしてもらうよう説明してもらいます。そのうえで、ＰＴＡ会長等からの申し出によって、委託契約（当然書面で）を締結し、同意を得た人の会費を徴収します。

レベル０ :【本人同意を得ずに徴収】

本人同意の取得はＰＴＡの事務であり、学校園では確認できませんが、委託契約の締結時には、同意を得ている旨の確認を確実に行いましょう。

分説明できていないところもあります。

③ 学校園側のリスク

　学校園が保有する個人情報を提供する場合は、しっかり会員の同意を得る必要があり、同意を得ず提供すると個人情報保護条例違反となります。また、ＰＴＡが独自で取得した個人情報については、取得や管理方法に問題がないように適切な助言が求められます。

④ 想定される対応策

レベル2 ：【PTAが直接会員から個人情報を取得】

ＰＴＡが入会時や進級時に、会員から直接に個人情報を取得します。この場合、学校園には個人情報保護条例上の義務や責任は生じません。

レベル1 ：【適正な手続きを経て提供】

学校園が保有する個人情報をＰＴＡに提供することを伝え、どうしても同意しない場合には、不同意の申し出をしてもらうよう説明します。

レベル0 ：【通告だけで提供】

保有個人情報をＰＴＡに提供しますという説明だけでは、本人の同意を得たとは言えません。

レベル▲(マイナス) ：【通告しない】

学校園が保有する個人情報をＰＴＡに提供することすら説明をしません。

《補足》学校園が保有する個人情報を提供する場合は、学校園として会員に十分説明のうえ同意を得る必要があります。同意を得ずに個人情報を提供した場合、個人情報保護条例違反となります。一方、ＰＴＡが独自に取得された場合には、取り扱いや管理の注意を促し、定期的にチェックするなど適切な管理を確認することになります。

（5）ＰＴＡ会費の学校園徴収金に合わせた引落しの問題

① 概要

　任意団体であるＰＴＡの会費を、学校園徴収金に合わせて指定の銀行口座から引落し、これを校園事務として行っています。これはＰＴＡの事務を学校園が肩代わりしていることになるので、代理人として付与される権限とその範囲を委任契約書で明確に規定する必要があります。

② 現時点の対応

　ＰＴＡ会費を独自で徴収している学校園は２校だけであり、その他は、病気になられる場合があります。学校園運営の管理者として、遅くの会議等について一定の制限を設けるなど、施設管理者として一定抑制を行うことが必要になります。

また、ＰＴＡ役員は毎年変わりますが、教職員は他校園も含め長年ＰＴＡ活動に携わられており、課題や改善事例の情報は一定把握されていると思います。同じ会員として、改善事例の情報を提供し、改善の方向性を提示することで、PTA役員の協議を促すことが求められます。

④ 想定される対応策

レベル2 :【地域や民間の活力を活用】

地域学校協働活動などが始まり、地域の力を学校園運営だけではなく、ＰＴＡ活動にも協力いただけるような支援体制を考え、ＰＴＡ役員に助言します。

レベル1 :【会員の協力、事業の縮小】

改善の視点として2点あります。1点目は特定の役員に負担がかからないように、参加可能な会員が協力できる体制を整えるよう助言します。一方で、身の丈にあったＰＴＡ活動について、事業規模の適正化に向け、役員などで協議するよう助言します。

レベル0 :【前例踏襲】

何の問題意識もなく、前例を踏襲します。

《補足》この点に関して違法性はないものの、ＰＴＡ離れや役員のなり手不足の大きな要因ですので、この部分の改善なくして、持続可能なＰＴＡ活動は困難となります。先進事例の情報などを提供し、身の丈にあった負担感の少ない事業運営や会員の協力体制の構築などの助言を行うことが重要になります。

（4）個人情報の問題

① 概要

学校園運営目的で取得した保有個人情報をＰＴＡ運営のため、本人の同意を得ずにＰＴＡ に提供しています。

② 現時点での対応

学校園運営の必要性から取得した個人情報について、殆どの学校園で会員のＰＴＡに提供することを説明していますが、一部の学校園では十

レベル2：【本人の意思に基づく役員選考】

立候補制度などを活用するよう助言します。

レベル1：【選考方法、過程の見える化】

事前に選考方法や選考過程を明らかにし、後から疑義が生じないよう助言します。また、一定配慮の必要な会員に対しは、個人情報の保護を徹底する選考の在り方について皆で協議するよう助言します。

レベル0：【押し付け合い】

「自分はやりたくない」、「あの人にさせておいたらいい」など、自分以外であればいいという発想で他の会員に押し付けられています。どうすれば負担感の少ないＰＴＡ活動となるのかを皆で協議するよう助言します。

《補足》基本的には、団体運営の話ですので、より民主的な選考方法を会員皆で検討してもらう必要があります。そのうえで、目に余る個人攻撃や個人情報を公衆の面前に曝すことについては、その場で一旦制止し、より良い選考ができるよう皆で考えることをアドバイスしてください。

（3）ＰＴＡ事業や事務の見直し

① 概要

会議や事業の準備等で夜遅くまで行われ、役員の負担は計り知れません。市への苦情も多く寄せられています。また、やる気のある役員が多く集まると「昨年以上」の成果を求める傾向があり、事業がさらに膨らんでいきます。一方で、役員が毎年改選のため、前年の事業を実施するだけで精一杯となっていて、継続的な改革に着手できていません。

② 現時点の対応

会議時間は、教職員の働き方改革に合わせて、終了時間を設定するなど一定の改善はできていますが、大きな事業の直前には作業が深夜に及ぶこともあります。このままではいけないと思いながらも、役員が毎年替わり、前年の事業を実施するだけで精一杯で、事業の見直しには至っていません。また、改革しようとしても、反対にあったりすると、「取り敢えず1年やったら終わる」という諦めも出てきます。

③ 学校園側のリスク

ＰＴＡ役員や会員が、連続して夜遅くまでＰＴＡ事務に従事していて何らかの理由があって、加入できない場合は、いつでも反対の意思表示や脱会届けなどにより不加入の手続きをしてください。」と説明します。

レベル0：【会員が意思表示する機会が無い】

ＰＴＡ 加入の必要性と任意性についてＰＴＡ会長等が説明のうえ、「皆さん会員になっていただきます。」と説明しただけでは、本人の同意を得たとはいえません。

レベル▲（マイナス）：【任意性の説明なし】

加入の任意性の説明をしていません。

《補足》ＰＴＡへの加入については、ＰＴＡ会長等から新たに会員になる人に対して、ＰＴＡ活動の内容、必要性、入会手続き、退会手続き、年会費、納入方法、加入の任意性などについて、時期（できれば入学・入園説明会、遅くとも会費納入時期までに）を考慮して、新たに会員となるべき人の意思が反映できるよう説明したうえで、入会手続きをする必要があります。学校園が説明するのではなく、ＰＴＡ会長等が説明する必要があります。

（2）役員の強制の問題

① 概要

役員のなり手がなく、強制的に役員を割り当てたり、出席していない会員に役員を割り当てたり、また、役員免除の理由として、病気や家庭の事情などの個人情報を公開し、審査するなど人権問題になりかねない事態も見受けられます。

② 現時点の対応

半強制的に役員を割り当てたり、家庭事情や健康上の理由で役員になれない人に配慮することを目的に、できない理由書を提出してもらい、多くの人の前で審査しています。

③ 学校園側のリスク

他の会員のいる前で、家庭の事情や健康上の理由などを述べさせたり、読み上げたりする人権侵害とも言われかねないようなやり取りがなされているにも拘らず、教育公務員は知らん顔（ 抑止も中止もしない）していると見られています。

④ 想定される対応策

2）ＰＴＡの必要性の説明

２．課題に対する対応について

それぞれの課題について、① 概要、② 現時点での対応、③学校園側のリスク、④想定される対応策、を示しています。

また、「④想定される対応策」については、「レベル0」（＝ 改善の必要なレベル）、「レベル1」（＝最低限遵守すべきレベル）、「レベル２」（＝理想的なレベル）、番外として「レベル▲（マイナス）」（＝違法性を問われかねず早急な対応が必要なレベル）に応じた策を示します。

（1）強制加入の問題

① 概要

ＰＴＡは任意の団体であり、その入退会は会員の意思で決められるべきものですが、本人の意思を確認することなく、また、加入は任意であることを説明せず、子どもの入学に合わせ自動的に保護者が会員になっています。

② 現時点の対応

ＰＴＡ総会や入学・入園前の説明会で、ＰＴＡ加入の任意性についての説明は概ねできていますが、説明の内容が不十分であることが推察されます。

③ 学校園側のリスク

総会等で管理職及び教職員が同席しているにもかかわらず、適切な説明をＰＴＡ会長等が行わないまま、自動的（半強制的）に保護者が会員となることを容認しています。（同じ役員・会員として）PTA 役員に対し、適切な改善について、協議、指導ができていません。

④ 想定される対応策

レベル2：【明確な意思表示】

ＰＴＡ会長等が、入会時（入学・入園説明会等）に、各会員から入会届を取得します。

レベル1：【消極的な意思表示】

入学・入園説明会等において、ＰＴＡ会長がＰＴＡの必要性と任意性について説明のうえ、「基本的に皆さんに加入していただきたい。

【お助け資料！】
教育委員会やＰ連発行の手引き・通知

ＰＴＡ改革・適正化の強い味方になってくれるのが、各地の教育委員会やＰ連が発出した手引きや通知です。保護者や先生のなかには、なぜＰＴＡ改革が必要なのかわからない、という人もいるものですが、そんなときは、こういった手引きを見てもらうのがおすすめです。よその自治体が発出したものでも、「教育委員会」や「Ｐ連」が発行したというと、なぜか耳を傾けてもらいやすくなります。

以下に掲載するのは、大津市教育委員会が**校長先生向け**に発出した「ＰＴＡ運営の手引き」です。改革・適正化に必要な情報がコンパクトにまとめられているので、ぜひ参考にしてもらえたらと思います。

学校園管理者のためのＰＴＡ運営の手引き
～誰もが参加しやすいＰＴＡ活動をめざして～

大津市教育委員会

１．主なＰＴＡ問題

一般的にはＰＴＡ問題といわれるものは以下のとおりです。

《ＰＴＡ運営の課題》

（１）強制加入の問題

（２）役員の強制の問題

（３）非効率かつ無駄な作業の多さの問題

《ＰＴＡと学校園との関係上の課題》

（４）個人情報の問題

（５）会費の学校園徴収金との引落しの問題

（６）会費使途不透明の問題

（７）その他

1）ＰＴＡ未加入者の子どもへの教育的配慮

大塚玲子 Ohtsuka Reiko

ノンフィクションライター、編集者。PTAなどの保護者組織や、多様な形の家族について取材・執筆。著書は『ルポ 定形外家族』（SB新書）、『PTAをけっこうラクにたのしくする本』『オトナ婚です、わたしたち』『PTAがやっぱりコワい人のための本』（以上、太郎次郎社エディタス）、共著に『子どもの人権をまもるために』（晶文社）、『ブラック校則』（東洋館出版社）などがある。
HP：ohjimsho.com

おぐらなおみ Ogura Naomi

イラストレーター、漫画家。『働きママン』シリーズ、『私の穴がうまらない』（ともにKADOKAWA）など著書多数。

デザイン　岡 睦、更科絵美（mocha design）
校正　株式会社鴎来堂
編集　小林裕子

さよなら、理不尽ＰＴＡ！

強制をやめる！ PTA改革の手引き

2021年11月15日　初版第1刷発行

著者　大塚玲子
発行人　廣瀬和二
発行所　辰巳出版株式会社
〒113-0033　東京都文京区本郷1-33-13 春日町ビル5F
TEL 03-5931-5920（代表）、FAX 03-6386-3087（販売部）
http://www.TG-NET.co.jp
印刷所　三共グラフィック株式会社
製本所　株式会社セイコーバインダリー

ISBN 978-4-7778-2732-9 C0037